KB039392

주체적 실존치료

EXISTENTIAL THERAPY OF INSUBSTANTIAL-SELF

| 김은희 저 |

학지사

머리말

실존치료를 처음 접한 것은 심리학과를 다니던 학부 시절이다. 심리학 개론서에 짧게 소개된 실존치료를 보면서 흥미를 느끼기는 했으나, 이후 석사와 박사 과정을 거치면서 실존치료라는 것에 대해 잊고 살았다.

2006년 박사를 마친 뒤 2007년부터 본격적으로 실존철학과 실존치료에 관심을 두고 공부하기 시작했고, 2009년 서울디지털대학교 상담심리학부 교수로 임용되면서 처음으로 '실존과 심리치료'라는 강의를 시작했다. 이 강의는 내가 2020년 교수직을 그만둘 때까지 매년 한 학기 동안 진행되었다. 나는 대학의 교과목으로 학부 수준의 실존치료와 관련된 강의를 하면서 동시에 2012년부터 2022년까지 소그룹 공부 모임을 진행하며 실존치료에 대한 강의 및 공부를 꾸준히 해 왔다. 2020년에는 제자들이 조직한 한국상담심리학회 산하 '실존치료연구회'의 초대 회장이 되어 2022년까지 회장 임무를 수행했다.

1998년부터 현재까지 2007년 한 해를 제외하고는 상담을 쉬지 않고 내담자들을 만나 왔으며, 2008년부터는 실존치료 이론을 공부하는 동시에 내담자들에게 실제로 적용해 보면서 과연 어떤 현상들이 일어나는지 알아보았다. 그리고 지금까지 내가 이론과 상담 실제를 통해 공부하고 적용하며 만들어 온 내 나름의 실존치료를 '주체적 실존치료'라고 이름 짓고 이 책을 통해 소개하게 된 것이다.

내가 나의 이력을 이렇게 자세하게 소개하는 이유는 '주체적 실존치료'가 어느 날 갑자기 등장한 것이 아니라 이런 개인적 역사를 통해 발전해 왔다는 것 그리고 내가 이 생소한 책을 집필할 최소한의 자격이 있다는 것을 말하고 싶어서이다. 이 책이 부디 나의 제자들이 상담자로서 그들의 길을 만들어 가는 데 디딤돌이 될 수 있기를 바라고, 또한 실존치료에 관심이 있는 분들에게 도움이 되기를 기대해 본다.

2024년 1월
김은희

차례

제1부

실존치료

제1장 실존치료의 배경

　실존치료(existential therapy)는 한 사람의 선구자를 중심으로 발전한 일관성 있는 치료도 아니고 실존치료자들 모두가 합의하는 하나의 체계를 갖춘 치료도 아니다. 또한 실존치료를 주 지향으로 하는 치료자들이 적을 뿐만 아니라 실존치료 집단 자체도 심리치료 집단 중에서 작은 집단에 속한다(Cooper, 2015). 미국 심리치료자들을 대상으로 한 연구에서 단 4%만이 실존치료를 지향하는 것으로 조사되기도 하였다(Cooper, 2015에서 인용).

　실존치료에 영향을 미친 철학적·역사적 배경도 다양하다. Deurzen과 Adams(2016)는 실존치료의 선구자로서 고대 그리스 철학자 Socrates를 들고 있고, Plock와 Tantam(2019)은 실존치료의 배경으로 서양의 아테네와 로마 철학자들(Socrates, Plato, Aristotle, Epicurus, Cicero, Lucretius, Epictetus)과 동양의 공자, 노자, 붓다를 거론하고 있다. 특히 19세기에 유럽에서 활발하게 전개된 실존적 사상과 문학, 해석학과 현상학은 실존치료의 배경에서 매우 중요하며, 심층 심리학과 현상학적·실존적 정신의학 등의 영향도 중요한 배경이 되고 있다(Cooper et al., 2019).

　다음에 제시된 〈표 1-1〉은 Deurzen(2012a)이 실존치료의 배경이 되는 인물들을 정리한 것이다. 단지 이 표에 등장하는 몇몇의 생철학자와 실존철학자(실존주의자), 문학가와 사상가, 현상학자와 포스트모더니즘 철학자 그리고 인본주의자만 보더라도 실존치료의 배경이 얼마나 다양한지 짐작할 수 있다.

〈표 1-1〉 실존철학자

자유 철학자	현상학자	실존주의자	포스트 모더니스트	실존적 인본주의자
Søren Kierkegaard 1813~1855	Franz Brentano 1838~1917	Jean Paul Sartre 1905~1980	Michel Foucault 1926~1984	Martin Buber 1878~1965
Friedrich Nietzsche 1844~1900	Edmund Husserl 1859~1938	Maurice Merleau Ponty 1908~1961	Emmanuel Levinas 1905~1995	Paul Tillich 1886~1965
Arthur Schopenhauer 1788~1860	Karl Jaspers 1883~1969	Simone de Beauvoir 1908~1986	Paul Ricoeur 1913~2005	Rollo May 1909~1994
Fyodor Dostoyevsky 1821~1881	Martin Heidegger 1889~1976	Gabriel Marcel 1889~1973	Jacques Lacan 1901~1981	Hannah Arendt 1906~1975
Karl Marx 1818~1883	Max Scheler 1874~1928	Albert Camus 1913~1960	Jacques Derrida 1930~2004	Abraham Maslow 1908~1970

제2장 실존치료

1. 실존치료의 정의

다양한 철학적 배경에서 등장한 치료이고 한 사람의 주창자가 존재하지 않는 만큼 실존치료가 무엇인지에 대해서 공통된 정의를 내리는 것은 어렵다. 그러나 2014년과 2015년에 걸쳐 온라인을 통해 실존치료가 과연 무엇이라고 생각하는지 조사한 결과가 『실존치료(Existential therapy)』(Cooper et al., 2019)에 제시된 예가 있다. 물론 이 내용은 매우 광범위해서 세부적으로는 모든 실존치료자가 동의하기 어려울 수 있다. 그러나 국제적 규모의 실존치료자들을 대상으로 수집된 자료에 기반하여 실존치료가 과연 무엇인가에 대한 전반적인 정의를 정리한 점에서는 큰 의의가 있다. 다음에 기술된 것이 바로 그 내용이다.

• 실존치료는 상담 또는 심리치료에 대한 철학적인 접근방식이며 매우 다양한 이론과 실제의 스펙트럼을 포함하고 있다. 실존치료는 계속 발전해 가고 있는 그 다양성 때문에 쉽게 정의 내리기가 어렵다. 예를 들어, 어떤 심리치료자들은 실존치료가 상담이나 심

리치료의 독립적인 특정 접근이라기보다는 치료를 향한 태도 혹은 입장이라고 간주한다. 반면 최근 몇 년 사이에 많은 심리치료자가 점점 더 실존치료를 구체적인 치료 접근방식으로 고려하고 있다. 어느 쪽이든 간에 본질적으로 실존치료는 실제 치료 장면에서 엄격한 원칙이나 독단적인 신조가 아닌 연관성(relatedness)과 자발성(spontaneity), 유연성(flexibility)을 강조하는 철학적 접근방식이다. 실제로 이러한 핵심 특징들 때문에 많은 실존치료자가 실존치료를 정의하려는 시도 자체가 실존치료의 본질에 모순된다고 여긴다.

• 다른 치료 접근법들과 마찬가지로 실존치료도 주로(전적으로는 아니지만) 고통을 받으며 위기에 처해 있는 사람들을 위해 사용된다. 일부 실존치료자들은 가급적이면 그러한 고통을 완화시키고 개개의 내담자들이 삶의 필연적인 난제들에 좀 더 의미 있고 건설적인 방식으로 대처하도록 돕고자 개입한다. 반면, 다른 실존치료자들은 증상이나 문제에 덜 초점을 두면서 내담자들이 실존을 폭넓게 탐구하도록 개입한다. 이들은 증상의 완화 혹은 결함의 제거를 위해 인지와 행동의 교정을 꾀하는 특정 치료 목표나 결과를 미리 가정하지 않는다. 그러나 그들의 이론적, 이념적 그리고 실질적 의견 차이에도 불구하고, 실존치료자들은 대부분 동시대의 다른 치료자들과는 구분되는 독특한 철학적 세계관을 공유한다.

• 실존치료는 일반적으로 환자 혹은 내담자의 삶과 경험에 대한 지

지적·협력적인 탐구로 이루어진다. 이런 방식의 탐구는 우선 치료실 안에서 일어나는 지금 여기의 치료적 관계의 특성과 질에서 중요하다. 이뿐만 아니라 치료실 밖에서 일어나는 환자 혹은 내담자와 그들의 맥락적 삶의 세계 간의 관계에 대한 탐구에서도 지지적·협력적인 탐구 방식은 중요하다. 이러한 중요한 철학적 근거를 고수하기 위해 실존치료는 비극과 황홀, 공포와 아름다움, 물질과 정신을 아우르는 무수한 인간사의 측면에 중점을 둔다. 더 나아가 실존치료는 모든 인간 경험을 우리가 지속적으로 그리고 필연적으로 참여할 수밖에 없는 실존의 근간, 즉 '세계-내-존재'와 본질적으로 분리될 수 없는 것으로 생각한다.

• 실존치료는 특정의 불가피한 한계를 지닌 채 살아가면서 자신만의 방식을 선택하고, 창조하고, 영속시키는 각각의 고유한 개인을 조명하는 것을 목표로 한다. 이론적 지향과 실제적 접근 방식 모두에서 실존치료는 인간 경험의 끊임없는 출현과 개현, 그리고 역설적인 특성을 강조하고 중요하게 여기는데, 이는 인간이 된다는 것이 진정으로 무엇인가에 대한 무한한 호기심을 불러일으킨다. 궁극적으로 실존치료는 인간의 실존에 대한 가장 근본적이고 지속적인 몇 가지 질문을 직시한다고 말할 수 있다. '나는 누구인가?' '이 삶 속에서 나의 목표는 무엇인가?' '나는 자유로운 존재인가 아니면 결정되어 있는 존재인가?' '나는 나의 죽음을 어떻게 받아들일 것인가?' '나의 실존에 어떤 의미와 중요성이 있는가?' '나

는 내 삶을 어떻게 살아야 하는가?'

요약하자면, 실존치료는 살아 있는 존재자로서 바로 지금 여기에 내가 있는 의미를 탐구하는 것이다. 실존치료자들은 선택과 딜레마, 한계를 직시하면서 인간이 된다는 것이 과연 무엇이고 도전과 장애, 문제에 어떻게 최선의 대처를 할 것인가를 탐구한다. 그들은 용기와 개방성, 겸손의 자세로 인간 존재의 근본 지반을 탐구한다.

2. 실존치료의 종류

19세기와 20세기 철학의 흐름과 제1 · 2차 세계대전은 치료자들에게 많은 영향을 주었는데, 특히 실존철학에 깊은 영향을 받은 치료자들이 나타나기 시작했다. 독일의 정신과 의사이자 철학자인 Jaspers는 정신질환을 이해하기 위해 진단명이 아닌 정신질환자의 경험 그 자체를 실존적 용어로 기술하고자 시도했던 최초의 인물이다(Deurzen, 2012a).

이후 Freud의 친구인 스위스의 정신과 의사 Binswanger(1975)가 Husserl과 Heidegger의 사상으로부터 영향을 받아 자신의 치료에 그들의 철학을 적용하기 시작하였으며, 그것을 '실존분석(existential analysis)'이라고 불렀다. 그는 시간과 공간 경험과 같은 인간 세계 경

험의 철학적 차원에 관심을 가졌고, 해석(interpretation) 대신에 현상
학적 기술 원리(phenomenological principle of describing)를 치료에 적
용하였다. 역시 스위스의 정신과 의사이고, Freud와의 개인 분석과
Jung과의 세미나 경험이 있기도 했던 Boss(1963)는 Heidegger의 철
학, 특히 후기 Heidegger 철학을 바탕으로 최초의 실존치료 형태인
'현존재분석(Daseinsanalysis)'을 개발하였다. Boss는 Heidegger를 스
위스로 직접 초청하여 강의(졸리콘 세미나)를 듣는 것은 물론이고, 매
우 긴밀한 개인적 교류를 통해 현존재분석을 개발하고 발전시켰다.

전 세계 치료자와 심리치료자를 대상으로 조사한 결과, 가장 영
향력 있는 실존치료자로 뽑힌 Frankl은 '의미치료와 실존분석
(logotherapy & existential analysis)'의 창시자이다(Correia et al., 2016).
Frankl은 홀로코스트 생존자로서 유명하지만 특별한 기법을 갖춘 실
존치료인 의미치료를 개발하고 전 세계로 확장시킨 인물로도 유명하
다. 그의 의미치료에 대해서는 『영혼을 치유하는 의사(The doctor
and the soul)』(Frankl, 1986)에 자세히 기술되어 있다.

유럽에서 시작된 실존치료는 May에 의해 미국에 소개되었다. 두
권의 책 『실존(Existence)』(May et al., 1958)과 『실존심리학(Existential
Psychology)』(May, 1961)은 당시 인본주의 심리학이 한창이던 미국의
치료자들에게 지대한 영향을 미쳤다. 특히 Yalom이 1980년에 출판
한 『실존심리치료(Existential Psychotherapy)』는 그동안 대표적인 실
존치료 교과서로 자리해 왔고, May의 제자인 Schneider(1995, 2008,

2010)는 다양한 저서를 통해 실존적-인본주의적 치료(existential-humanistic therapy)와 실존적-통합적 치료(existential-integrative therapy)를 발전시키고 있다. 오늘날 한국에서 대학원생들이 주로 교과서를 통해 공부하는 실존치료는 이와 같은 미국에서 발전한 실존치료에 치우친 경향이 있다.

현재 전 세계에서 실존치료가 가장 활발하게 전개되는 곳은 영국이다. 제1회 국제 실존치료 학술대회(The first World Congress of Existential Therapy)도 2015년 5월 런던에서 개최되었다. 이 학술대회는 전 세계 실존치료자들이 모이는 중요한 행사의 하나로 자리 잡고 있다. 영국의 실존치료는 대체로 실존적-현상학적 치료(existential-phenomenological therapy)로 불리고 있으며, 반정신의학 혹은 탈정신의학의 핵심 인물로 꼽히는(그 자신은 그 말을 만들지도 인정하지도 않았지만) Laing의 지대한 영향하에 발전하였다. Laing은 연구의 기본 토대로서 실존철학과 현상학을 선택하였으며, 특히 Sartre의 연구 중에서 사회-정치적 이론에 집중했다(Deurzen & Adams, 2016). 현재 영국은 물론이고 전 세계 실존치료자 중 가장 주요한 인물에 속하는 Deurzen과 Spinelli는 실존철학과 현상학에 초점을 두면서 자신들의 이론과 실제를 꾸준히 발전시키고 있다.

요약하자면, 실존치료자들은 현재 전 세계에서 실행되고 있는 실존치료를 크게 네 가지로 분류하고 있다. 네 가지 주요 실존치료와 각 실존치료의 대표적인 치료자들은 〈표 1-2〉와 같이 정리할 수 있다.

〈표 1-2〉 네 가지 주요 실존치료와 대표적인 치료자

주요 실존치료	대표적인 치료자
현존재분석 (Daseinsanalysis)	Ludwig Binswanger, Medard Boss, Erik Craig
의미치료와 실존분석 (Logotherapy & Existential Analysis)	Viktor Frankl, Alfried Längle
실존적-인본주의적 & 실존적-통합적 치료 (Existential-Humanistic & Existential- Integrative Therapy)	Rollo May, James Bugental, Irvin Yalom, Kirk J. Schneider
실존적-현상학적 치료 (Existential-Phenomenological Therapy)	Ronald David Laing, Hans W. Cohn, Ernesto Spinelli, Emmy van Deurzen

　　Deurzen(2012a)은 실존치료에 기여한 사람들과 현재 실존치료에 큰 영향을 끼치고 있는 치료자들을 정리한 바 있는데, 이것이 〈표 1-3〉의 내용이다. 또한 Deurzen과 Adams(2016)는 현대의 주류 실존치료를 다섯 가지로 분류하고, 실존치료의 선구자들과 각 실존치료의 주요 인물들을 표로 제시한 바 있는데, 이것이 〈표 1-4〉의 내용이다. 두 표는 중복되는 내용이 많기는 하지만, 분류 기준이 다르고 그 기준 자체가 가지는 의미가 있으므로 모두 제시하고자 한다. 이들의 이론이나 실제를 이 책에서 기술하지는 않겠지만, 실존치료를 주 지향으로 삼고자 하는 치료자라면 각자의 선호에 따라 표에 제시된 인물들과 그들의 주장에 대한 공부가 필요할 것이다.

〈표 1-3〉 실존치료자

초기 정신과 의사	인본주의적 심리학자	영국의 대안 치료자	최근 미국 치료자	최근 영국 치료자
Ludwig Binswanger 1881~1966	Paul Tillich 1886~1965	George Kelly 1905~1967	James Bugental 1915~2008	Hans Cohn 1916~2004
Karl Jaspers 1883~1969	Carl Rogers 1902~1987	Aaron Esterson 1923~1999	Thomas Szasz 1920~	Freddie Strasser 1924~2008
Eugene Minkowski 1885~1972	Rollo May 1909~1994	Ronald Laing 1927~1989	Irvin Yalom 1931~	Ernesto Spinelli 1949~
Medard Boss 1904~1990	Viktor Frankl 1905~1997	David Cooper 1931~1986	Kirk Schneider 1956~	Emmy van Deurzen 1951~

〈표 1-4〉 실존치료자

선구자	현존재분석	인본주의적 실존적	실존적 통합적	의미치료	유럽 학파
Ludwig Binswanger 1881~1966	Medard Boss 1904~1990	Rollo May 1909~1994	Thomas Szasz 1920~2012	Viktor Frankl 1905~1997	Ronald D. Laing 1927~1989
Karl Jaspers 1883~1969	Gion Condrau 1919~2006	James Bugental 1915~2008	Aaron Esterson 1923~1999	Joseph Fabry 1909~1999	Hans Cohn 1916~2004
Eugene Minkowski 1885~1972	Alice Holzey-Kunz 1943~	Irvin Yalom 1931~	Peter Lomas 1924~2010	Paul Wong 1937~	Ernesto Spinelli 1949~
Erich Fromm 1900~1980	Eric Craig 1944~	Kirk Schneider 1956~	Betty Cannon 1943~	Alfried Längle 1951~	Emmy van Deruzen 1951~

3. 실존치료의 목표

실존치료의 목표는 네 가지 주요 실존치료 간에도 큰 차이가 있지만, 각 실존치료 내의 각각의 치료자 사이에서도 많은 차이가 있다. 그러나 이 책에서는 각각의 실존치료에 대해서 다루지 않으므로 전반적인 실존치료의 목표를 제시한 예를 살펴보고자 한다. 이것은 단지 최소한의 예에 불과하다는 것을 독자들은 반드시 기억하기 바란다.

Cooper 등(2019)은 실존치료의 전반적인 목표를 "내담자들이 자신이 살아온 삶의 경험들을 정직하고 솔직하게, 그리고 철저하게 탐구하도록 하는 것"이라고 말한다. 실존치료는 내담자들이 자신의 삶을 깊고 면밀하게 살펴보고, 좀 더 만족스럽고 충만한 삶의 방향을 발견할 수 있는 기회를 제공한다. 실존치료는 쉬운 대답을 제공하지 않는다. 실존적인 관점에서 보면 빠른 해결책이란 없다. 그러나 내담자들은 어둠 속을 들여다볼 수 있는 끈기와 용기 그리고 의지를 통해 자신이 누릴 수 있는 최상의 삶을 만들어 가는 데 도움을 받을 수 있다. 이것을 제공하고자 하는 것이 바로 실존치료의 목표이다.

Sousa(2016)는 실존치료의 주요 목표를 정리했는데, 그 내용은 다음과 같다.

• 내담자가 자신의 삶을 살아가면서 하게 되는 선택에 대해 보다 명확하고 본래적인(authentic) 태도를 형성하도록 촉진하기

- 내담자가 자신의 삶을 의미 있게 만드는 과정을 촉진하기
- 자기 자신의 힘(self-strength)을 기르고 자기 자신에 대해 알도록 (self-knowledge) 촉진하기
- 실존의 다양한 면을 직시할 수 있는 역량을 증진시키기
- 실존적 불안(angst)을 인지하고 직면하기
- 세계관(믿음, 감정, 생각, 경험)에 대한 반성적(reflective) 자기 자각을 향상시키기
- 인간관계에 대한 의식을 증가시키기
- 실존적 기투(자유와 한계 그리고 개인의 자율성)에 대한 개인적 책임감 높이기
- 실존(나는 어떻게 존재하는가?)의 본질(나는 무엇인가?)과 개인적 정체성(나는 누구인가?) 탐구하기

4. 실존치료의 차원

실존적인 접근의 개념화를 돕기 위해 Cooper는 실존치료의 아홉 가지 기본적인 차원을 제안했다(Cooper, 2017; Cooper et al., 2019). 실존적인 접근법과 치료법이 이러한 차원들(dimensions) 중 어느 하나의 차원과 깔끔하게 맞아떨어지지는 않으며, 언제 어떤 내담자와 만나느냐에 따라 치료자들 사이에도 상당한 다양성이 존재한다. 그

러나 이 아홉 가지 차원은 얼마나 다양한 실존치료의 형태가 존재하는지에 대해 생각해 보고, 또한 실존치료가 얼마나 다양한 치료 기법을 아우르고 있는지 알아보는 데 유용하다.

- 앎 대 알지 못함(knowing vs. un-knowing/not-knowing): 실존치료자가 다양한 가정과 믿음(해석)을 지닌 채 내담자를 대면하는가, 아니면 솔직하게 '알지 못한다'는 (현상학적인) 입장에서 내담자를 대면하는가?

- 지시적 대 비지시적(directive vs. non-directive): 실존치료자가 치료 과정을 주도하는가, 아니면 내담자가 치료 과정을 이끌도록 허용하는가?

- 설명적 대 기술적(explanatory vs. descriptive): 실존치료자가 내담자의 경험에 내재되어 있는 내용/의미를 알아내려고 노력하는가, 아니면 내담자가 자신의 경험을 있는 그대로 '풀어놓도록(unpack)' 돕는가?

- 병리화 대 비병리화(pathologizing vs. de-pathologizing): 실존치료자가 내담자의 어려움을 병리적 '증상(symptom)'이나 '장애(disorder)'로 보고 그런 측면에 초점을 두는가, 아니면 내담자의 어려움을 '삶의 문제(problems in living)', 즉 부적응적이고 역기능적인 (고정된) 존재의 방식(way of being)으로 보는가?

- 기법 대 비기법(techniques vs. not techniques): 실존치료자가 특정

한 치료기법을 중심으로 치료를 진행하는가, 아니면 비교적 체계화되지 않고 비형식적인 대화 방식으로 치료를 진행하는가?

• 즉시성 대 비즉시성(immediacy vs. non-immediacy): 실존치료자가 지금-여기(here-and-now)에서의 치료자-내담자 관계를 내담자가 탐색하도록 격려하는가, 아니면 격려하지 않는가?

• 심리적 대 철학적(psychological vs. philosophical): 실존치료자가 정서적·인지적·행동적 과정에 중점을 두는가, 아니면 내담자 삶의 전반적인 주제들과 의미에 대해 내담자와 함께 논의하는가? 즉, 치료의 초점을 '치유(healing)'에 두는가, 아니면 '지혜(wisdom)'에 두는가?

• 개인화 대 보편화(individualizing vs. universalizing): 실존치료자가 내담자의 어려움을 그 내담자 개인 특유의 심리적 작용의 관점에서 이해하는가, 아니면 모든 인간이 겪는 보편적인 어려움의 관점에서 이해하는가?

• 주관적 대 세계-관계적(subjective vs. inter-worldly): 실존치료자가 내담자의 정신(psyche) '내부(inside)'의 심리적 작용에 중점을 두는가, 아니면 내담자가 세상과 맺고 있는 관계(relationship)에 중점을 두는가?

이러한 관점들을 더 축약하면 실존적 접근들은 대체로 강경한-유연한(hard-soft) 축에 놓인 것으로 개념화해 볼 수 있다(Cooper, 2017).

상대적으로 더 지시적이고 병리적이며 해석적이고 기법 중심적인 접근들은 강경한 축에, 그리고 현상학적이고 기술적(묘사적)이며 관계적인 접근들은 유연한 축에 놓는다. 따라서 좀 더 강경한 실존치료 접근들은 내담자가 특정한 실존적 소여들(givens)을 직면하도록 촉구한다. 반면에 좀 더 유연한 실존치료 접근들은 내담자가 스스로 자신의 세상을 경험하는 방식을 탐구하고 이해하도록 돕는다.

그리고 상당 부분 이 강경-유연 축은 실존적 현상학적 영역 내에 존재하는 폭넓은 갈등을 대변한다. 이 갈등은 인간이 처한 상황에 관해 우리가 직면해야만 하는 어떤 진실이 있다고 믿는 좀 더 강경한 실존철학에서부터 실존적인 진실을 포함해 모든 진실은 궁극적으로 오직 세상을 바라보는 특정한 시각 내지는 관점일 뿐이라고 믿는 좀 더 유연한 실존적 입장에 이르기까지 그 스펙트럼이 다양하다.

5. 실존치료의 개관

이제까지 살펴본 실존치료 전반을 개관해서 정리해 보면 다음과 같다.

• 실존치료는 철학적 지향을 지닌 치료적 접근으로, 인간의 근본적인 실존적 조건에 관심이 있다.

- 실존치료는 인간의 본질과 인간 경험의 본질에 대한 깊은 의문을 제기하고, 인간이 된다는 것(what it is to be human)이 무엇인지를 탐구하는 것에 관심이 있다.
- 실존치료는 Newton식의 결정론(determinism)과 주체-객체 이분법(dualism)을 거부하는 경향이 있다.
- 실존치료는 각 개인이 자유로운 존재라고 가정하고 선택과 책임의 주체임을 강조하는 동시에 인간의 자유와 능동적인 자기 선택, 책임의 한계 또한 강조한다.
- 실존치료는 '문제'를 정신건강 혹은 병의 지표로 보기보다는 삶에서 누구나 직면하는 삶의 문제로 바라본다. 즉, 개인의 삶과 전체 맥락을 중요시하는 전체적(holistic) 접근이다.
- 실존치료는 의학적으로 지향된 접근의 전제에 의문을 제기하고, 정신병리학 개념을 거부하는 경향이 있다.
- 실존치료는 구체적인 기법상의 접근을 지양하고, 현상학적 방법론을 선호한다. 설명(explanation)과 분석(analysis)보다는 기술(description)과 이해(understanding)를 우선시한다.
- 실존치료는 치료자와 내담자 간의 활발하고 상호적인 대화(mutual dialogue)를 강조하며, 치료자는 내담자와의 진실하고 직접적인 관계를 지향한다.
- 실존치료는 내담자가 좀 더 실존적, 주체적, 본래적이 되는 것, 즉 자기 자신의 가치와 믿음에 따라 '진정한 자신'이 되고 '진정한 자

신'으로 사는 것을 추구한다.

- 실존치료는 치유(cure)나 변화(change)보다는 이해와 탐구(exploration)에 더 관심이 있다.

- 실존치료는 치료 과정에서 내담자와 내담자의 경험에 대한 일반적이고 추상적인 이론이나 가설이 아닌, 유일하고 독특하며 구체적인 개인인 내담자와 그러한 내담자의 생생한 삶의 경험 그 자체를 중요시한다. 그리고 그러한 고유세계에 대한 있는 그대로의 이해가 중요하다고 전제한다.

- 실존치료는 내담자가 자신의 자유, 선택과 결정, 책임을 인식하고 주체적으로 행동하도록 권장한다.

- 실존치료는 내담자가 불안, 고독, 절망, 죽음과 같은 근본적인 실존적 조건들을 있는 그대로 인지하고 수용하면서 그러한 경험의 주체로서 자신을 명확하게 인식하도록 권장한다.

- 각각의 실존치료 접근에 따라 매우 큰 다양성과 차이가 존재한다.

Cooper(2017)는 자신의 책 『실존치료(Existential therapies)』에서 다양한 실존치료가 실제 치료 장면에서 대체로 공유하는 점을 다음과 같이 정리한 바 있다.

- 실존치료의 목적은 내담자가 보다 본래적(authentic)이 되도록 하는 것이다. 즉, 자신의 구체적인 실존을 더욱 자각하면서 좀 더 진

정한 자신의 가치와 믿음, 경험에 따라 살도록 하는 것이다.

- 실존치료자는 내담자의 경험을 추상적이거나 가설적인 구성물로 보기보다는 구체적인 현실 자체로 보면서 치료하는 경향이 있다.
- 내담자는 자신의 자유와 책임을 인정하고 이에 따라 행동하도록 권장된다.
- 내담자는 불안, 죄책, 절망, 비극 등 '부정적인(negative)' 감정을 알아차리고 수용하며, 이러한 감정들로부터 배우도록 권장된다.
- 내담자는 자신의 현재와 미래 경험은 물론 과거 경험도 탐구하도록 권장된다.
- 내담자는 자기 존재의 모든 측면(정서, 사고, 행동, 생리적 반응 등)을 탐구하고, 이러한 측면들이 근본적으로 서로 연관되어 있음을 알도록 권장된다.
- 실존치료자는 단지 비춰 주는 거울과 같은 역할을 하기보다는 내담자에게 상대적으로 진솔하고 직접적인 경향이 있다.
- 실존치료는 실제 장면에서 고정되고 확고한 경계보다는 융통성과 적절성을 더 강조하는 경향이 있다.

제2부

주체적 실존치료

제3장 주체적 실존치료란 무엇인가

'주체적 실존치료(Existential Therapy of Insubstantial-self)'란 일차적으로는 저자인 '김은희'의 실존치료라고 말할 수 있으나 동시에 주체적 실존치료를 지향하는 치료자가 각자 '자기 자신'의 주체적 실존치료를 수행하는 치료를 의미한다. 물론 이 책에 기술된 주체적 실존치료는 김은희의 '주체적 실존치료'의 내용이다.

주체적 실존치료가 무엇인지를 이해하기 위해서는 우선 주체적 실존치료에서 중요한 개념인 '주체(Insubstantial-self)'와 '주체성(Insubstantial-ego)'의 의미를 아는 것이 필요하다. 주체적 실존치료에서 '주체'의 정의는 '모든 것과 연결되어 개방되어 있는 개개의 인간 존재자, 즉 각자의 가변적 가능성의 장에 항상 열려 있는 실존하는 총체적 인간 존재자'이고, '주체성'의 정의는 '주체의 의식적·반성적·의지적 자기 결단의 측면'이다.

앞의 정의에서 보듯이 주체란 인간 존재자를 일컫는 말이기는 하지만, 우리가 통상 이해하고 있는 모든 활동의 중심점으로서의 고정된 실체인 인간 존재자를 의미하지는 않는다. 주체적 실존치료에서 정의하는 주체는 이것이 바로 '나(주체)'라고 지칭할 수 있는 고정되고 불변하는 실체가 아니라, '나(주체)'라고 할 만한 나(주체)가 없는 가변적이고 개방적이며 연기(緣起)적인 주체이다. 이 주체는 예를 들면, 무의식적 · 의식적, 선(전)반성적 · 반성적, 비(무)의지적 · 의지적 등의 다양한 측면을 모두 포괄하면서 개방되어 있는 열린 구조의 주체(나)이다. 열린 구조이기는 하지만 '주체(나)'가 없는 것은 아니고 분명히 존재한다. 단지 이 주체(나)는 맥락적 · 상황적 · 연기적 주체(나)일 뿐이다.

이와 관련하여 Sartre(2008)가 "실존은 본질에 선행한다(Existence precedes essence)"라고 말한 때의 '실존'과 『존재와 무(Being and nothingness)』(Sartre, 1994)에서의 '무' 개념을 살펴보는 것이 도움이 될 것이다. Sartre가 본질에 선행한다고 말하는 '실존'과 존재에 대비하여 말하고 있는 '무(無)' 둘 다 실체성 혹은 고정성의 부정이라는 뜻을 담고 있다. 이에 대해 Spinelli(2015)는 Sartre의 무(nothingness)를 '어떤 것이-됨이-아님(no-thing-ness)' 혹은 '어떤 것이-되기-이전(pre-thing-ified)'이라는 실존의 원초적 의미를 표현한 것이라고 하면서 이는 서양 문화에서 당연하게 여기는 '무엇(something)' 중심적 사고에 대한 반전이라고 말한다. 서양 문화는 전통적으로 본질이 실존에 선행한다는 입장이었으나, Sartre는 실존이 본질에 앞서는 것이고, 오히려 본질은 실존을 기반으로 해서 만들어진다고 본 것이다. 우선 '있음'이 있고, 그 있음의 바탕 위에 '나의 있음'이 있는 것이다.

Deurzen과 Arnold-Baker(2005)는 전통적인 자아(self) 개념과 달

리 실존적 관점에서는 실체적 혹은 고정된 자아라고 하는 것이 존재하지 않는다고 말한다. 우리가 나의 자아 혹은 정체성이라고 경험하는 모든 것은 항상 '되어 감(becoming)'과 '변환(transformation)'인 흐름일 뿐이라는 것이다. 이는 Spinelli(2005)가 '세계화(worlding)'와 '세계관(worldview)'을 구분하면서 우리가 나라고 하는 본질적 정체성을 가지고 있기는 하지만(세계관) 이는 늘 과정일 뿐이어서 한순간도 고정되어 있지 않은 더욱 근본적인 흐름(세계화)을 기반으로 한다고 말한 것과 유사하다.

이를 주체적 실존치료의 '주체'와 연결하여 표현해 보면 '무엇이 주체이다'라고 명확하게 한계를 지어 정의할 만한 실체적 주체는 없지만, 주체가 무엇이라고 실체화하여 정의 내릴 수 있는 가능성의 바탕이 되는 주체는 있다는 것이다. 따라서 주체는 없지만 있는 것이고 또 있지만 없는 것이라고 할 수 있다. 즉, 무엇이라고 명확하게 규정할 수 있는 실체적인 무엇은 아니지만 그렇다고 아예 존재하지 않는다고 그 현존성을 무시할 수도 없는 것이 바로 주체이다. 우리가 의식적, 반성적, 의지적으로 '이것이 주체이다'라고 할 때 우리에게 주체는 현존하고, 그렇지 않을 때 우리에게 주체는 현존하지 않는다. 그러나 현존하고 현존하지 않는 그 바탕인 주체는 늘 은폐와 개현의 양상을 지닌 채 존재하고 있으며, 그렇게 존재하는 주체가 바로 주체적 실존치료에서 말하는 '주체'이다.

반면, 주체성은 바로 이러한 주체(나)의 의식적 · 반성적 · 의지적

자기 결단의 측면을 말한다. 따라서 주체성을 발휘하여 우리는 '주
체(나)'에 대한 고정된 정의를 내리고 무엇을 '주체(나)'라고 할 것인
가 등을 선택하고 결정할 수 있다. 우리가 통상 나라고 할 때의 이
나를 의식적으로 명확하게 규정하는 것은 주체성의 역할이다. 주체
인 '나'는 경계를 알 수도 없고 무엇이라고 정의 내릴 수도 없지만,
주체의 한 측면인 주체성은 내가 누구인지를 알 수도 있게 만들고
내가 무엇이라고 정의도 내릴 수 있게 한다. 결국 우리가 의식적, 반
성적, 의지적으로 나라고 정의하는 것은 엄밀하게 말하면 주체가 아
니라 순간순간의 자기 결단의 측면인 주체성이 발휘된 결과이다. 주
체는 우리가 의식적으로, 반성적으로 그리고 의지적으로 포착할 수
있는 범위 이상의 것이므로 우리가 지각하고 인식하는 모든 것은 주
체성이 작동한 결과이다.

　Deurzen과 Adams(2011, 2016)는 '실존은 본질에 선행'한다는 말의
의미가 "우리가 존재한다는 사실이 우리가 무엇으로 존재하는지보
다 더 근본적인 것"이라고 말한다. 이때 적어도 우리가 무엇으로 존
재한다는 측면은 의식적으로 명확한 것이므로 이는 주체성의 발현
이라고 볼 수 있다. 주체성은 결국은 자기 결단을 의미하는 것이고,
내가 무엇이라고 나 스스로 정의할 때 그 말은 의식적, 반성적, 의지
적으로 또 자기 스스로 그러하다고 자기가 결단한 결과이므로 이는
주체성의 발현으로 볼 수 있다. 그러나 여기서 주체성을 고정된 것
으로 오해해서는 안 된다. 주체성 역시 주체 내의 고정된 한 요소이

거나 닫힌 구조의 개념이 아니라 가변적이고 개방적이며 연기적인 측면이라는 것을 잊지 않는 것이 중요하다.

주체 및 주체성과 관련하여 주체적 실존치료는 '나(주체)라고 할 만한 나'가 없는 '나'를 전제하고 있으며, 나라고 할 만한 그 어떤 '고정된 나'가 없기에 '그 어떠한 나'도 상정(想定)이 가능하다고 본다. 즉, 주체(나)의 주체성(나)이 자기가 누구인지를 인식하여 알면서 동시에 자기를 구성하는 것이다. 이것이 함의하는 바는 매우 크다. 만약 우리가 이러한 의미를 수용한다면 '나는 무엇인가?' '나는 누구인가?' '나는 어떻게 살아갈 것인가?' '나는 어떻게 죽을 것인가?' 등 '나(주체)'와 관련한 모든 주제의 진정한 주인이 바로 내가 되는 것이고, 그 '나'조차도 고정되어 불변하는 실체가 아니라 순간순간 인연생기(因緣生起)하는 가변적이고 열려 있는 중심이라는 것을 수용하는 것이 된다.

이렇게 되면 '나'라는 명확한 정의를 무시하지도 않지만 그렇다고 그 명확한 정의에 매이지도 않는, 진정 내가 '나'라고 정의하는 '나'로서 서게 되는 일이 일어날 수 있다. 또한 '나'라고 하는 것이 내가 '나'라고 정의하는 그 '나'에 국한되지 않는, 그 가장자리를 규명하거나 정할 수 없는 '나'라는 것을 수용하는 것이므로 자기중심적 집착(執着)에서 벗어나 모든 것이 인연생기라는 원리를 받아들일 수 있다. 요약하자면, 주체적 실존치료는 궁극적으로, 그리고 결론적으로 '나'라고 할 만한 고정된 '나'가 있는 것은 아니지만(주체) 바로 그렇기 때문에 '나'를 그때그때 구성할 수 있으므로(주체성) 그러한 구성된

'나'를 중심으로 세워 그 '나'를 진정한 주인으로 삼아 자신의 삶을 자기답게 만들어 살아가는 것을 강조하는 치료이다.

임제의현의 "수처작주 입처개진(隨處作主 立處皆眞: 머무르는 곳마다 주인이 되라. 지금 있는 그곳이 바로 진리의 세계이다)"(벽해 원택, 2018)이나 불교 경전 『숫따니빠따』(2015) 중 '코뿔소 뿔의 경'에 등장하는 "코뿔소의 뿔처럼 혼자서 가라"라는 말('혼자서 가라'는 뜻을 강조하기 위해 뿔이 하나인 코뿔소를 등장시키고 있다고 함), 그리고 Nietzsche의 다음과 같은 말들이 주체적 실존치료가 지향하는 바를 잘 드러내 보여 준다. 물론 이는 치료 장면이라는 한계를 명확히 전제하고, 그 장면의 인식론적 핵심인 주체성, 즉 의식적 · 반성적 · 의지적 측면에서 언급되는 지향점이라는 것을 잊지 않는 것이 중요하다.

> "나의 제자들이여! 그대들도 이제 헤어져 홀로 가도록 하라! …… 나를 떠나라, 그리고 차라투스트라에 저항하라! …… 그대들은 아직도 자신을 찾아내지 못하고 있었다. 그때 그대들은 나를 만났다. …… 이제 그대들에게 명하노니 나를 버리고 그대들 자신을 찾도록 하라. …… 나의 의지, 나의 오랜 의지는 나의 발로 자신의 길을 가고자 한다. …… 나는 언제나 자기 자신을 극복해야 하는 그 무엇이다. …… 하지만 우선 자기 자신을 사랑하는 자가 되어라! …… 나는 나에게 길을 묻는 자들에게 '이것은 이제 나의 길이다. 그대들의 길은 어디 있는가?'라고 대답했다. 다시 말하면 모두가 가야 할 그런 길은 존재하지 않는다."(Nietzsche, 2000)

"자기 자신을 원하라, 그러면 하나의 자신이 될 것이다. …… 너는 너의 주인이며 동시에 네 자신의 미덕의 주인이 되어야만 한다." (Nietzsche, 2001)

"그대 자신을 해부해 보라! …… 나는 나 자신인 것이다."(Nietzsche, 2002a)

"나를 죽이지 못하는 것은 나를 더욱 강하게 만든다. …… 삶에 대한 자신의 이유인 왜냐하면을 가진 자는, 거의 모든 방법, 거의 모든 어떻게?를 견뎌낼 수 있다. …… 우리는 우리 자신이 누구인지 알지 않으면 안 된다. …… 내 자유 개념. 자유란 무엇이란 말인가! 자기 책임에의 의지를 갖는다는 것. …… 사람은 어떻게 자기 자신이 되는가 …… 사람들은 강건하게 자기 자신을 잡고 있어야 한다. 그리고 용감히 자신의 두 다리로 서야만 한다. …… 인간에게 있는 위대함에 대한 내 정식은 운명애다: 앞으로도, 뒤로도, 영원토록 다른 것은 갖기를 원하지 않는다는 것. 필연적인 것을 단순히 감당하기만 하는 것이 아니고, 은폐는 더더욱 하지 않으며—모든 이상주의는 필연적인 것 앞에서의 허위다—오히려 그것을 사랑하는 것 …… 자유 정신이란 스스로 자기 자신을 다시 소유하는 자유롭게 된 정신이다."(Nietzsche, 2002b)

"자기 자신만의 길 …… 그대들 인간에 정통한 자들이여, 자신을 좀 더 잘 알기를 …… '너 자신을 알라'는 학문의 전부다."(Nietzsche, 2004a)

"너 스스로가 되어라! …… 온전히 자기 자신이 되는 것 …… 지금 네가 하고 있

는 것, 생각하는 것, 원하는 것은 모두 너 자신이 아니다!" (Nietzsche, 2005a)

"나는 그 누구도, 그 무엇도 모방하지 않으며 내 집에 기거하노라. …… 나를 따르지 말고 너 자신을 따르라! 너 자신을! …… 너는 너 자신이 되어야 한다. …… 가치를 부여하고 선사했던 것은 바로 우리들인 것이다! …… 자신의 철학, 자신의 권리, 자신의 태양을 가져야 한다! …… 인간에게 의미를 지니는 세계를 창조한 것은 바로 우리들이다! …… 우리는 현재의 우리 자신이 되고자 한다. 새롭고, 일회적이고, 비교 불가능하고, 자기 스스로가 입법자이고, 자기 스스로를 창조하는 인간이 되고자 한다! …… 너는 반드시 너 자신이 되어야 한다. …… 네 운명을 사랑하라. …… 위험하게 살아라!"(Nietzsche, 2005b)

이 밖에도 수많은 유사한 주장이 Nietzsche의 글에 포함되어 있다. 다양한 문헌에 등장하는 Nietzsche의 말은 주체적 실존치료가 실제 치료에서 '주체성'을 '개현, 발현, 부각'하면서 이루고자 하는 목표인 '자기 결단과 책임의 성취'를 잘 표현해 준다. Nietzsche는 신으로 대변되는 기존의 전통적 가치가 몰락하고 난 후 우리가 허무주의를 인식할 때, 바로 그때 우리는 진정으로 자기 자신이 자기의 가치 준거를 설정하고 그에 따라 살아가는 주인이 될 수 있다고 주장한다. 이제까지 맹목적으로 믿고 따르던 가치들을 의심하고 그것의 계보와 정체를 해체하면서 고독한 가치 파괴자이자 열정적인 가치 창조자로 거듭나는 것이다.

Nietzsche가 행하고 있는 해체는 우리가 너무도 당연하게 받아들이고 있었던 것들이 사실은 그저 우리의 해석과 관점이라는 것 그리고 실체로서 존재하지도 않는 주체를 설정하여 그 허망한 주체를 중심으로 특정 해석과 관점을 확고부동한 가치나 진리인 것처럼 고정해 왔다는 것을 보여 준다. 더불어 이제 더는 이상적이고 관념적이며 추상적이고 객관적인 가치를 의식 없이 추종하여 따라 살지 않겠다는 것을 표현한다. 더 나아가 가치 상실과 허무주의를 극복한 사람은 이제 몸을 가진 실제적이고 사실적인 나로서 구체적으로 내가 설정한 가치에 따라 현실적인 나의 있는 그대로의 삶을 사랑하면서 진정한 나로서 살아가겠다는 결단과 책임을 성취하는 자임을 설파한다. 이때 '있는 그대로'가 핵심이다. 내 삶이 어떠해서 사랑하는 것이 아니라, 그 삶이 바로 나의 삶이기 때문에 사랑한다는 것이다(나는 물론 Nietzsche의 '운명애'조차도 관점에 따라 선택될 수 있거나 혹은 거부될 수 있다고 본다. 자기 삶의 주인으로 사는 모양이 운명을 사랑하면서 사는 것일지 혹은 다른 것일지는 그 주인에게 달린 일일 것이다).

내가 이해한 앞과 같은 Nietzsche의 사상은 주체적 실존치료가 추구하는 것과 일맥상통한다. 어떤 계기와 이유로 치료 장면에 와 있는지와 상관없이 거의 모든 내담자는 자기 삶의 어떤 주제에 대해 생각해 보는 것이 필요해서 치료를 찾는다. 심한 정신병적 장애가 있든, 신경증적 증상이 있든, 혹은 특정한 심리적 · 정신적 문제는 없지만 자기 탐구에 대한 욕구가 있든, 어떤 경우이든 기존의 안정적이고 편안한 상태가 흔들리거나 파괴될 때, 그 생경하거나 혹은 불편한 현상을 잘 알아보고 살펴보고자 치료를 찾는 것이다. 증상의 제거가 목적인 경우일지라도 그 증상이 자기와 자기 삶에 어떤 변화, 특히 반갑지 않은 변화를 일으키기 때문에 그 증상을 둘러싼 맥락과 현상을 알아보고 치료자와 궁리하여 해결책을 찾고자 치료에 오는 것이다. 한마디로 자기와 자기 삶에 대한 의문이 존재하고, 그 의구심을 치료자와 함께 탐구하기 위해 오는 것이 일차적 목적이다.

나는 치료가 병을 고치는 것이어야만 한다고 생각하지 않는다. 사실 '병'이라는 것 자체도 그것이 정말 의미하는 바가 무엇인지 깊은 고민과 다각도의 탐색이 필요하다고 본다. 그러나 우리가 나와 나의 삶에 대해 관심을 갖고 진지하게 살펴보고 열심히 궁리하여 진정 어떤 사람으로 어떻게 살 것인가를 스스로 책임감 있게 결단하는 것은 매우 의미 있다고 생각한다. 이러한 탐구와 궁리는 일상이 안락할 때보다 삶에 대한 생경함과 불편함 혹은 혼란과 의심이 들 때 이루어질 가능성이 크다. 즉, 기존의 가치와 믿음이 흔들리고 편안하고 자연스러웠던 자기와 자기 세계에 금이 가는 위기 상황일 때 우리는 진지한 참구를 하게 된다.

따라서 흔히 우리가 문제나 병이라고 부르는 것들이 진정한 자기 탐구를 위한 핵심 요소이며 출발선이 된다. 이런 말을 들으면 사람들은 대개 어려움 없이 동의한다. 그러나 들을 때만이다. 자신이 실제 그러한 위기 상황에 직면하면 상황을 직시하면서 면밀하게 살펴보기는커녕 빠른 해결책과 정답을 자기 외부로부터 구하면서 자동적으로 회피하고 도피하기에 바쁜 경우가 대부분이다(나는 회피와 도피 자체가 문제라고 보지 않는다. 자신이 회피하기로 또는 도피하기로 의식적, 반성적, 의지적으로 결단을 했다면 말이다).

주체적 실존치료는 바로 이때 남들이 말하는 빠른 해결책과 정답을 찾아 떠나고 싶은 마음을 다잡아 자신의 위기 상황에 스스로 머물기로 선택하기를 촉구한다. 그것이 얼마나 힘들고 고통스러운 일인지 모르는 것은 아니지만, 자기 삶의 주인은 자기이니 지금 나에게 무슨 일이 일어나고 있고 내가 그 일과 어떻게 관계 맺고 있는지를 자신이 살펴보는 수밖에 없다고 전제하는 것이다. 물론 스스로 자기와 자기 삶의 주인이 되고자 하는 사람에 한해서 그렇겠지만 말이다.

Nietzsche가 가치의 몰락과 허무주의를 이야기한 것처럼, 내담자들은 자신의 가치와 믿음이 흔들리는 경험을 하면서 허무와 고통에 빠질 수 있다. 그러나 Nietzsche가 남들이 정해 놓은 낡은 가치를 전도시켜 새로운 가치를 설정하여 있는 그대로의 자기 삶을 사랑하면서 사는 것을 설파한 것에 귀 기울여 볼 필요가 있다. 내담자의 위기는 이제까지 자신이 가지고 있던 가치와 믿음이 정말로 자기 자신의 선택과 결정에 의해 소유된 것인지 면밀하게 살펴보고 궁리하는 계기가 될 수 있다. 또 스스로 책임감 있는 결정을 통해 자기 가치와 믿음을 설정하여 자기 삶의 주인으로 자신의 삶을 용감하게 살아가는 결단을 내릴 수 있는 계기가 될 수 있다.

이렇게 결단을 하게 되면 자기 삶의 내용이 어떠한지가 이전처럼 큰 문제가 되지는 않는다. 똑같이 괴롭고 고통스럽더라도 여러 가지 삶의 내용이 역동적으로 순환하는 그 중심에 늘 자기 결단과 자기 책임이 자리하고 있기 때문이다. 그 결단의 내용이 어떠해야 한다는 것은 전혀 아니다. 결단의 내용이 중요한 것이 아니다. 명확한 자기 결단과 그에 대한 책임의 성취가 중요한 것이다. 그것이 바로 주체 성의 개현, 발현, 부각의 목표이다. 이때 만약 내담자가 타인과 외부 의 힘에 전적으로 의존하는 자기와 자기 삶을 선택하고 결정한다면, 주체적 실존치료에서는 그 선택과 결정을 존중할 것이다. 단적으로 말해 주인이냐 노예이냐가 중요한 것이 아니라, 내가 '스스로' 인식 하면서 '스스로' 주인이 되기를 선택하느냐 노예가 되기를 선택하느 냐 하는 자기 결단이 중요하다. 그리고 내가 이렇게 하고 있다는 명 확한 인식 그 자체가 바로 책임의 성취이다.

주체적 실존치료의 목표는 단지 '자기 결단'과 '책임의 성취'이다. 다른 많은 치료 접근처럼 어떤 바람직하고 긍정적인 구체적 목표의 내용이 있는 것이 아니다. 물론 여기서도 주체적 실존치료에서 말하 는 '나'라는 것이 우리가 통상 생각하는 고정된 '나'가 아니고 가장자 리를 알 수 없는 '연기적 나'이므로 '나'라는 말 속에 이미 '나'가 아닌 수많은 가변적 존재자와의 연관성이 내포되어 있다는 점을 잊지 않 는 것이 중요하다.

주체적 실존치료의 주요 내용을 정리하면 〈표 2-1〉과 같다.

〈표 2-1〉 주체적 실존치료의 주요 내용

주체와 주체성	• 주체: 모든 것과 연결되어 개방되어 있는 개개의 인간 존재자, 즉 각자의 가변적 가능성의 장에 항상 열려 있는 실존하는 총체적 인간 존재자 • 주체성: 주체의 의식적 · 반성적 · 의지적 자기 결단의 측면
주체적 실존치료의 전제	• 연기(緣起/空, conditioned arising/insubstantiality) • 불확실성(uncertainty) • 관점주의(perspektivismus/perspectivism)
주체적 실존치료에서 '치료'의 의미	• 만남(참여), 같이 알아보기, 함께 궁리(窮理)하기
주체적 실존치료의 정의	• 주체의 실존(구체적 · 실제적 · 현실적 · 가능적 현존) 과정에의 주체적 참여(만남, 같이 알아보기, 함께 궁리하기)
주체적 실존치료의 과정	• 주체성의 개현(開顯), 발현(發現), 부각(浮刻)
주체적 실존치료의 목표	• 자기 결단과 책임의 성취

제4장 주체적 실존치료의 전제

주체적 실존치료가 무엇인지에 대한 서술에서 본 바와 같이, 주체적 실존치료는 기존의 많은 치료가 전제하고 있는 주-객 이분법을 가정하지 않는다. 현상적으로 '나'가 있고 '너'가 있다는 것을 무시하는 것은 아니지만, '나'와 '너'는 더 깊은 의미에서 서로 분리될 수 없는 연관성 상태에 있으므로 '너가 있음으로써 있는 나'와 '내가 있음으로써 있는 너' 혹은 '너가 없으면 없는 나'와 '내가 없으면 없는 너'를 전제한다. 나와 너뿐만이 아니라 모든 것이 서로 연관되어 있다는 것은 주체적 실존치료뿐만 아니라 실존철학과 실존치료, 그리고 불교 모두가 공통으로 전제하고 있다.

이러한 바탕에서 주체적 실존치료가 기본적으로 전제하고 있는 세 가지는 ① 연기, ② 불확실성, ③ 관점주의이다.

1. 연기

주체적 실존치료의 첫 번째 전제는 '연기(緣起/空, conditioned arising/insubstantiality)'이다. 모든 것이 인연생기(因緣生起)라는 것은

불교의 핵심 개념 중 하나인데, 이는 주체적 실존치료의 전반을 관통하는 가장 근원적이고 기본적이며 핵심적인 전제이다.『불교대사전』에는 연기(緣起)가 다음과 같이 정의되어 있다.

> "인연생(因緣生)·연생(緣生)인연업 모두를 말함. 다른 것과의 관계가 연이 되어 생기(生起)하는 것. A에 (緣) 의해 B가 (起) 일어나는 것. 무엇에 의해 일어난다는 뜻으로, 모든 현상은 무수의 원인(因)과 조건(緣)이 서로 관계해서 성립되어있는 것으로, 독립 자존이 아니고, 제조건과 원인이 없어진다면, 결과(果)도 저절로 없어진다는 것. 불교의 기본적 교설. 현상적 존재가 서로 의존하여 생겨나고 있는 것. 이론적으로는 항구적인 실체적 존재가 하나로서 있을 수 없다는 것을 나타내며, 실천적으로는 이 인과관계를 밝히고, 원인과 조건을 없앰으로써 현상세계(고통의 세계)로부터 해방되는 것을 지향함. 불교에서는 연기(緣起)하고 있는 사실 외에 고정적 실체를 인정하지 않음. 일반적인 표현에 의하면 모든 것이 상대하는 것으로, 서로 맞당기고 밂[밂]으로써 성립하고 있는 것. 갖고 갖게 하는 관계"(길상, 2001)

또한 남방불교(스리랑카, 미얀마 등에서 전해 내려오는 불교) 경전인『쌍윳따 니까야』에는 '연기'와 관련한 부처의 말이 다음과 같이 기록되어 있다.

> "수행승들이여, 그대들에게 연기에 관해 설하겠다. …… 연기라는 것은 무엇인가? 수행승들이여, 무명[無明/무명/ignorance]을 조건으로 형성이 생겨나고, 형성

[行/행/mental formation]을 조건으로 의식이 생겨나며, 의식[識/식/consciousness]을 조건으로 명색이 생겨나고, 명색[名色/명색/mind and body]을 조건으로 여섯 감역이 생겨나며, 여섯 감역[六入/육입/senses]을 조건으로 접촉이 생겨나고, 접촉[觸/촉/contact]을 조건으로 감수가 생겨나며, 감수[受/수/sensation]를 조건으로 갈애가 생겨나고, 갈애[愛/애/craving]를 조건으로 취착이 생겨나며, 취착[取/취/attachment/clinging(김은희, 2007)]을 조건으로 존재가 생겨나고, 존재[有/유/becoming]를 조건으로 태어남이 생겨나며, 태어남[生/생/birth]을 조건으로 늙고 죽음[老死/노사/aging and death], 우울, 슬픔, 고통, 불쾌, 절망이 생겨난다. 이와 같이 해서 모든 괴로움의 다발들이 함께 생겨난다. 이것을 수행승들이여, 연기라고 부른다. …… 그러나 무명이 남김없이 사라져 소멸하면 형성이 소멸하고, 형성이 소멸하면 의식이 소멸하며, 의식이 소멸하면 명색이 소멸하고, 명색이 소멸하면 여섯 감역이 소멸하며, 여섯 감역이 소멸하면 접촉이 소멸하고, 접촉이 소멸하면 감수가 소멸하며, 감수가 소멸하면 갈애가 소멸하고, 갈애가 소멸하면 취착이 소멸하며, 취착이 소멸하면 존재가 소멸하고, 존재가 소멸하면 태어남이 소멸하며, 태어남이 소멸하면 늙고 죽음, 우울, 슬픔, 고통, 불쾌, 절망이 소멸한다. 이와 같이 해서 모든 괴로움의 다발들이 소멸한다. …… 이처럼 이것이 있을 때 저것이 있게 되며, 이것이 생겨남으로써 저것이 생겨난다. 이것이 없을 때 저것이 없어지며, 이것이 사라짐으로써 저것이 사라진다."(쌍윳따 니까야, 1999)

북방불교(중국, 한국, 일본 등에 전파된 불교의 총칭)에서는 '공(空, insubstantiality)'이라는 개념이 연기 개념과 상응하는 것으로 볼 수 있는데,『불교대사전』에는 '공(空)'이 다음과 같이 정의되어 있다.

"① 텅 빔, ② 모든 사물은 인연에 의해 생기는 것으로, 고정적인 실체가 없다는 것. 연기(緣起)하고 있다는 것. '~이 없다'라는 뜻으로 사용되지만, 단순한 '무(無)' '비존재'는 아니다. 존재하는 것에는 자체·실체·아(我) 등의 것은 없다고 생각하는 것. 자아의 실재를 인정하고, 혹은 아(我) 및 세계를 구성하는 것의 영구한 항존성(恒存性)을 인정하는 잘못된 견해를 부정하는 것. 무실체성(無實體性). 일체의 상대적·한정적(限定的) 내지 고정적인 테두리가 제거된 실로 절대·무한정한 진리의 세계. 유무(有無) 등의 대립을 부정하는 것. 파괴된 후 아무것도 없는 것. …… 모든 현상은 고정적인 실체가 없다는 의미에서 공(空: 결여되어 있는, 존재하지 않는)임. 따라서 공(空)은 고정적인 실체가 없는 것을 인과관계의 측면에서 받아들인 연기(緣起)와 같음을 나타낸다. 공(空)을 아무것도 존재하지 않는 것 등으로 잘못 이해하는 것을 공병(共病)이라 함."(길상, 2001)

이처럼 북방불교에서 강조하는 의미로서의 '공(空)'은 남방불교에서 강조하는 '12연기'와 함께 '연기(緣起)'의 뜻을 공유하고 있다. 대우(大愚)는 '지금 무슨 일이 일어나고 있는가'를 있는 그대로 보는 것을 강조하면서 불법의 요체라고 할 수 있는 연기설(緣起說)을 간단한 삼단논법으로 표현한다.

"첫째, '인연'에 의지해서 나는 모든 것은 '자체의 성품(體性)'이 없다. 둘째, 이 세상 모든 존재는 '인연'으로 말미암지 않고 나는 것은 없으므로, 따라서 이 세상 모든 것은 '인연'으로 말미암아 '있는 것'이다. 셋째, 그러므로 이 세상의 모든 것은 '자체의 성품'이 없다."(대우, 2002)

대우는 '원인'으로 말미암아 '결과'가 오는 것은 필연적이라고 말한다. 그러나 우리가 상식적으로 알고 있는 것처럼 '원인'으로부터 '결과'로 어떤 구체적인 질적 이동이 있는 게 아니고, 다만 '원인'은 그저 '결과'를 낳는 데 단순한 '계기'가 될 뿐이라는 것을 강조한다.

불교에서 중요하게 여기는 '연기'는 실존치료자 Spinelli(2015)가 자신의 실존치료에서 세 가지 기본 원리 중 하나로 주장한 '연관성(relatedness)' 개념과 유사하다. Spinelli는 고립된 자아 혹은 전적으로 사적인 경험이란 없으며, 오히려 "우리는 공동으로 구성하는 세계 내에 존재한다"라는 Gergen(2009)의 말을 소개하고 있다. Ziman이 '주관성의 공리(the axiom of subjectivity)'를 반박하면서 "나는 의식의 주관적 양태가 상호주관적 협력자(intersubjective copartner)보다 앞서 존재한다는 어떠한 증거도 찾지 못했다"(Spinelli, 2015에서 인용)라고 말한 것도 연관성을 주장하는 것으로 볼 수 있다.

또 Spinelli는 남아메리카와 동남아시아, 뉴기니와 호주 원주민들이 '관계적 · 상호주관적 세계관'을 가지고 있다는 것, 서양과는 달리 "상호주관성(inter-subjectivity)이 중국과 일본, 인도 문명에 존재한다"(Spinelli, 2015에서 인용)라는 인류학자의 말을 연관성을 강조하는 한 예로 제시하고 있다. Spinelli(2015)는 특히 서양 문화와 치료가 고립되고 자족적인 개인을 고양시키는 것에 매우 비판적이었던 Buber를 인용하면서 Buber가 주장한 관계의 두 태도인 '나-그것(I-It)'과 '나-너(I-Thou)'가 모두 연관성의 다른 표현일 뿐이라는 점을 강조한다.

연기와 관련해서 또 살펴볼 수 있는 개념이 '인과성(causality)'이다. 나는 우선 Nietzsche의 말을 인용하겠다.

> "우리는 '원인'이나 '결과'를 단지 순수한 개념으로만, 다시 말해 기술(記述)하고 이해하기 위한 관습적인 허구로만 사용해야 할 것이며, 설명하기 위해 사용해서는 안 될 것이다. '{원인과 결과} 그 자체'에는 '인과의 연합'도 '필연성'도 '심리적 부자유'도 없다. 그것에는 '결과는 원인에 뒤따른다'는 것이 없으며, 이는 어떤 '법칙'이 지배하는 것도 아니다. 단지 원인, 계기, 상호성, 상관성, 강제, 수, 법칙, 자유, 근거, 목적을 꾸며 냈던 것은 바로 우리이다."(Nietzsche, 2002a)

Nietzsche는 인과성의 허구를 신랄하게 해체하고 있다. 원인과 결과는 관습적인 허구, 즉 그저 우리가 필요에 의해 자의적으로 만들어서 사용해 왔던 것에 불과하지 법칙과 같은 것이 전혀 아니라는 것이다. 따라서 어떤 것이 필연적으로 어떤 것의 앞에 나타나는 원인이고, 또 어떤 것이 필연적으로 어떤 것의 뒤에 나타나는 결과라는 식의 원인과 결과에 대한 설명은 사용해서는 안 된다는 지적이다. 또 Nietzsche는 다음과 같이 말한다.

"심리학에서 보면 모든 생기 현상은 행위이고, 모든 행위는 어떤 의지의 결과이고, 다수의 행위자들이 세계가 되며, 행위자(어떤 '주체')는 모든 생기 현상의 하부에 슬며시 끼어든다. …… 사물 자체, 사물이라는 개념은 내가 원인이라는 믿음의 단순한 반영이다. …… 이런 식으로 특정한 하나의 원인-해석에 익숙해지는 습관이 발생하고, 이 습관이 사실상 원인에 대한 탐구를 저해하며 심지어는 배제시킨다. …… 알려지지 않은 어떤 것을 알려진 어떤 것으로 환원하는 것은 마음을 편히 해 주고 안심시키며 만족하게 하고 그 외에도 힘을 느끼게 한다. 알려지지 않은 것에는 위험, 불안정, 걱정이 수반된다─첫 번째 본능은 이런 불편한 상태들을 없애면서 사라져 간다. 첫 번째 원칙: 어떤 설명이든 설명이 없는 것보다는 낫다. …… 알려지지 않은 것을 알려진 것으로 설명해 주는 첫 번째 생각은 어찌나 좋게 작용하는지, 그것은 '참으로 간주될' 정도이다. …… 새로운 것, 체험되지 않은 것, 낯선 것은 원인이 될 수 없다.─그러므로 단지 특정한 종류의 설명들이 원인으로 발견될 뿐만 아니라, 정선되고 선호되는 종류의 설명들이 찾아지는 것이다. 이 설명들은 낯선 느낌, 새로운 느낌, 체험되지 않았다는 느낌을 가장 빨리, 가장 빈번히 제거해 버리는 설명들이며─가장 습관화된 설명들이다.─그 결과: 특정 종류의 원인-설정이 점점 더 우세해지고, 체계로 집결되며, 결국은 지배적이 된다. 달리 말하면 다른 원인과 설명들은 간단히 배제되어 버린다."

(Nietzsche, 2002b)

여기서도 Nietzsche는 우리가 깊은 고민 없이 너무나 당연하게 수용하는 인과성, 설명, 주체 등의 개념을 해체하고 있다. Nietzsche가 보기에 우리는 어떤 일어나는 현상을 있는 그대로 잘 살펴보면서 그 현상이 진정 무엇이고, 그 현상의 원인이 진정 어떤 것인지 등을 심사숙고하지 않는다. 우리는 어떤 현상, 즉 낯선 것이나 새로운 것, 체험되지 않았던 현상을 접하면 그것을 위험하게 여기고 불편해하며 걱정을 한다. 그래서 우리는 가능한 한 빨리 선호되는 종류의 어떤 설명을 찾아서 그것을 이 현상의 원인이라고 결정해 버린다. 그 설명이 참인지 거짓인지는 중요하지 않다. 우선 설명을 만들어 내고 그것을 참이라고 믿으면 되는 것이다.

이렇게 친숙한 것으로 친숙하지 않은 것을 환원해서 재빨리 설명해 버리면 불안과 걱정 등의 불편감이 사라지는 것은 물론이고 만족감과 힘까지 느끼게 된다. 사실은 이 현상이 무엇인지, 이 현상의 원인이 무엇인지 등에 대해서는 알아낸 것이 전혀 없음에도 불구하고 말이다. 이렇게 허구의 원인-설정이 점점 더 우세해지고, 체계로 집결되어 허구의 지배적 설명이 등장하면 다른 원인과 설명은 아예 배제된다. 다른 가능성을 생각해야만 하는 불확실성에 대한 불안에 대처하기 위해 우리는 성급한 인과관계의 설명을 끌어들이는 것이다. Nietzsche는 심리학이 그저 일어나는 현상을 마치 특정 행위인 것처럼, 그리고 그 행위가 마치 어떤 의지의 결과인 것처럼, 더 나아가 있지도 않은 행위자, 즉 모든 현상의 원인으로 간주할 수 있는 주체가 있는 것처럼 생각한다고 지적하고 있다. 우리가 당연한 실체, 당연한 사실, 당연한 진리라고 여기는 것들의 비(무)실체성과 가변성, 허구성 등을 Nietzsche는 철저하게 밝히고 있는 것이다.

Nietzsche의 지적과 일맥상통하게 인과성 개념은 보통 선형적인 (linear) 접근, 즉 '원인과 결과' 개념으로 이해되고, 이는 인과성이 일방향적(uni-directional) 개념이라는 것을 의미한다. Spinelli(2005, 2015)는 현대의 주류 치료 모형들이 인간 행동과 관련해서 19세기 물리학에 의존하고 있고, '일방향적 선형성(uni-directional linearity)'에 근거하고 있다고 말한다. 이러한 예로 특히 치료자가 내담자가 현재 겪고 있는 어려움이나 문제에 대한 과거의 영향을 고려할 때, 마치 어떤 특정한 과거의 사건이 현재의 내담자 문제에 대한 특정한 원인인 것처럼 여기는 예를 들고 있다. 과거의 특정한 원인이 현재의 특정한 결과로 이어졌다는 것이 인과성 개념인데, Spinelli는 실존적 현상학의 관점은 과거와 현재의 관계 그리고 과거가 현재에 미치는 영향에 대한 이와 같은 일방향적이고 선형적인 인과성을 거부함은 물론이고 부적절한 것으로 여긴다고 주장한다.

Spinelli(2015)는 또한 현대물리학(contemporary physics)의 '동적 체계 이론(dynamical systems theory)'에서 보는 인과성은 비선형적이고 다중적이라고 말한다. 동적 체계 이론은 변화를 불러오는 인과적 과정이 안정적이고 선형적으로 구축된다고 보는 전통적인 관점과는 달리 갑작스럽고 강력한 변화를 강조한다는 것이다. 이는 하나의 원인이 하나의 결과를 가져오고, 그 결과가 원인이 되어 또 다음의 결과를 가져오는 식의 인과성이 더 이상 표준이 될 수 없음을 의미한다. 동적 체계 이론에 대한 Spinelli의 의견에 따르면 특정한 한 원인과 특정한 한 결과의 관계라는 것은 확정적일 수 없고, 무수히 많은 요인이 각각의 중요도를 보유하고 있으며, 그것이 동시적으로 어떤 작용을 일으키면서 우리가 변화라고 이름 붙이는 결과들을 가져온다는 것이다.

이는 실존적 현상학의 관점에서 보는 인과성과 매우 유사하다는 것이 Spinelli의 의견이고, 나는 이에 동의한다. 굳이 Husserl의 '지향성(Intentionalität)' 개념으로부터 시작되는 현상학과 Heidegger의 '세계-내-존재(In-der-Welt-sein)'로부터 펼쳐지는 존재론을 여기서 자세히 다루지 않더라도, 현상학과 실존철학이 이원론과 인과성을 지양하고 모든 것이 연관되어 있는 실상을 구체적으로 면밀하게 해체하고 있다는 것은 자명하다. 나는 또한 Spinelli의 연관성(relatedness) 개념 설명에도 동의한다. 그리고 Spinelli 자신이 표면적 수준과 더 깊은 수준의 연관성을 구별하여 제시하면서 연관성에 대한 실존적 현상학적 관점은 더 깊은 수준의 연관성에서 고려할 때만이 명확하게 드러난다고 말한 점을 중요하게 본다. 나 역시 연관성을 이미 실체를 전제한 상태에서 그 실체 간의 관계를 말하는 수준(주체성 차원)을 넘어 그 실체들의 바탕이 되는 근원적인 배경이나 지평의 측면에서 생각할 때 모든 것이 연관되어 있다는 수준(주체 차원)에서 말하고 있기 때문이다.

그러나 많은 서양의 실존치료자는 물론이고 나의 주체와 주체성 개념 역시 인식론적 관점에서의 주장에 그치는 듯한 느낌을 지울 수 없다. 비록 이것이 치료 장면에서의 어쩔 수 없는 한계라고 할지라도 말이다. 이런 한계를 직시할 때, 내가 보기에 불교의 '연기' 개념은 서양의 인식론적 관점과 존재론적 관점을 모두 포괄하면서도 그 어느 관점에도 묶이지 않는 자유로운 개념이다. 인식론적 관점에서 모든 것이 연관되어 있다고 해도 연기이고, 존재론적 관점에서 모든 것이 연관되어 있다고 해도 연기일 뿐이다. 인식론 혹은 존재론조차도 인연생기일 뿐이고 연기는 무기(無起)이니 다양한 관점이 분명 존재하지만 동시에 존재하지 않는다고도 말할 수 있다.

연기의 관점에서 보면 그 어떤 양태의 연관성뿐만 아니라 그 연관성을 구성하는 다양한 조건과 요소 그 자체까지도 인연에 따라 그때그때 화합하여 연기적으로 나타나는 것일 뿐이다. 이해를 돕기 위해 좀 더 살펴보겠다.

水野弘元(미즈노 고겐)(목경찬, 2014에서 인용)은 "일반적으로 외계의 자연 현상에 관계되는 연기를 외연기(外緣起)라고 부르고, 내계의 정신 현상에 관한 가치적 연기를 내연기(內緣起)라고 부르기도 한다. 그렇지만 외연기는 주로 복잡한 내연기를 이해하기 쉽게 하기 위해 비유적으로 예를 들어 설명하는 경우에 쓰여진 것이며, 연기가 말해진 본래의 목적은 내연기에 있다고 보는 것이 타당하다"라고 말한다. 즉, 우리가 보통 모든 것이 연기한다고 말할 때 대체로 우리는 외연기를 말하는 것이지 내연기를 말하는 것이 아니라는 것이다. 또 외연기(마음 밖 대상과 대상의 관계, 사물과 사물의 관계)가 자연 현상의 측면에서의 연기를 말한다면, 연기의 핵심인 내연기(마음 작용 간의 관계)는 정신 현상의 측면에서의 연기를 말한다는 것이다.

목경찬(2014)은 불교의 연기법을 설명하는 연관성을 말할 때 항상 등장하는 "이것이 있으므로 저것이 있다"에서 '이것'과 '저것'은 서로 관계 있는 모든 개별적인 존재 사물의 관계를 나타내는 지시대명사가 아니라 12지(支) 사이의 관계를 말하는 것이라고 설명한다. 즉, '무명, 행, 식, 명색, 육입, 촉, 수, 애, 취, 유, 생, 노사'인 12지의 각 지분을 나타내는 지시대명사인 것이다. 따라서 "이것이 있으므로 저것이 있다……"라는 구절은 세상 만물 간의 연관성을 설명한다기보다는 십이연기(十二緣起) 각 지분 상호 간의 연관성을 설명한다는 것이다. 여기서 중요한 것은 십이연기 각 지분이 마음작용을 말하는 것이지 어떤 실체적 대상을 지칭하지 않는다는 점이다. 마음작용이라는 것은 고정되고 확정된 어떤 것으로 볼 수 없는 가변성과 가능성의 작용이다. 따라서 이는 실체가 있다고 말할 수 있는 세상 만물은 물론이고, 실체가 있다고 말할 수 없는 마음의 작용 그 자체 모두가 연기법으로 포괄된다는 것을 의미한다.

Husserl의 초월론적 현상학과 Heidegger의 해석학적 현상학 모두가 그토록 추구하는 '엄밀성' 측면에서 고려할 때, 불교의 '연기' 개넘은 서양의 그 어떤 관련 개념보다도 내가 주체적 실존치료의 핵심 원리로 주장하고 싶은 것에 부합한다. 왜냐하면 내가 이해한 바에 따르면, 불교에서 말하는 연기 개념이 인식론적 혹은 존재론적 관점을 포괄하는 동시에 그것들로부터 자유로우면서도, 드러나는(생기하는) 있는 그대로의 현상을 무시하지 않고 그 현상과 그 현상을 구성하는 원인과 조건들의 비(무)실체성과 가변성을 매우 엄밀하고 정밀하게 표현하여 밝히기 때문이다.

2. 불확실성

주체적 실존치료의 두 번째 전제는 불확실성(uncertainty)이다. 이는 Spinelli도 자신의 기본 원리의 하나로 주장한 개념이다. Spinelli(2015)는 불확실성을 "우리의 실존에 대한 반성 그 자체에 이미 내재하는 가능성에 대한 필연적이고 불가피한 개방성"이라고 표현한다. 한마디로 우리의 실존은 가능성 그 자체이고, 이는 곧 우리의 선택이나 의지와는 상관없이 우리가 존재론적 개방성 내에 이미 존재함을 의미한다. 이는 『존재와 시간(Sein und Zeit)』에서 현존재의 본질은 실존에 있다고 주장하면서 실존을 가능성으로 본 Heidegger를 떠올리게 한다. Spinelli의 불확실성의 원리는 무엇이 내가 경험하는 자극으로 제시될 것인지뿐만 아니라 그러한 자극을 내가 어떻게 경험하고, 또 그 자극에 어떻게 반응할지에 대해서조차 나는 완전하고 최종적인 확실성 혹은 통제력을 갖고 결정할 수 없다는 것을 의미한다. Spinelli는 불확실성이 자신의 첫 번째 기본 원리인 연관성의 직접적인 결과로 따라올 수밖에 없는 원리라고 말한다.

이와 마찬가지로 주체적 실존치료의 첫 번째 전제인 '연기'를 이해한다면, 두 번째 전제인 불확실성이라는 개념은 따로 설명이 불필요할 만큼 자연스럽게 이해될 수 있는 개념이다. 모든 것이 인연생기하는 것이라면 그 어떤 것에도 고정성을 부여할 수 없을 뿐만 아니라 모여서 무엇인가가 구성되고 흩어져서 무엇인가가 해체되는 모든 역동적 현상은 우연성, 즉 불확실성일 수밖에 없다. 이렇게 되면 고정성을 근거로 한 확실성의 개념은 무너진다. 한 가지 유의할 것은 여기서 말하는 우연성은 우연적인 것이면서 우연적인 것이 아니라는 점이다. 모든 현상이 불확실성 속에서 우연적으로 개현하는 것은 사실이지만, 모이고 흩어지는 이 우연성은 모이게 되는 인연과 흩어지게 되는 인연에 따라 나타나는 우연성이므로 연기하는 우연성인 것이다. 모일 만한 인연들이 함께하면 모여서 무엇인가가 우연적으로 나타나고, 흩어질 만한 인연들이 함께하면 흩어져서 무엇인가가 우연적으로 사라지는 것이다. 이는 마치 무(無)라는 개념이 없다는 뜻이라기보다는 고정성이 아닌 불확실성 혹은 가변성을 뜻하는 것이라는 말과 유사하다.

대우와 Spinelli는 모두 불확실성이라는 개념과 관련될 수 있는 예로써 현대물리학을 들고 있다. 특히 대우는 일상생활의 경험을 구성하는 다양한 사실적 체험의 밑바닥에는 그것들을 모두 통일적으로 상호 연관지을 수 있는 어떤 체계적이고 합리적인 법칙들이 존재한다고 보는 Newton의 통찰에 상반되는 현대과학의 세계관을 20세기 초엽에 과학자들이 수립했다는 점을 강조하면서 양자역학의 예를 자세히 들고 있다. 결과적으로 대우(2002)는 "입자물리학의 세계관은 '물질'이 없는 세계이고, '존재하는 것'과 '일어나는 사건'이 둘이 아닌 세계이며, 따라서 '작용의 주체'가 있어서 제가 일으키는 작용을 스스로 통제하고 제어하는 것이 아니라, 생성과 소멸의 끝없는 변화 과정이 전적으로 자체의 보존법칙과 확률에 의해 제어되는 세계"라고 말하고 있다. 따라서 관찰자가 거기에 있든 없든 입자들은 인과율에 따라서 시공 속을 운동하는 실체라고 보았던 지난날의 고전적인 물질관과 세계관이 반증되었다는 것이다.

이를 대우(2002)는 불가의 용어로 "연생은 무생이다(緣生無生: 인연으로 나는 것은 나는 것이 아니다)"라고 표현하면서 '작용의 주체'가 본래 있은 적이 없다고 말하고 있다. 이것과 저것이 둘이 아니라는 것은 각기 제 성품이 없어서 본래 하나의 허공성일 뿐이라는 주장인데, 이는 어떤 것도 이것이 이것이라고 지칭하여 가리킬 수 있는 고정성이 없다는 것으로, 즉 모든 것이 확실하게 정해진 바가 없다는 불확실성을 뜻하는 것으로 이해할 수 있다.

Spinelli 역시 Einstein의 상대성 이론과 Al-Khalili를 인용하면서

물리학에서 불확실성의 원리는 이미 확고함을 이야기하고 있다. 빛 (light)은 파동인 동시에 양자이고, 빛의 속도는 시간과 공간에 따라 상대적이며, 관찰자라는 변수가 상대성 원리에서 주요 변수라는 것이다. 따라서 고정된 것은 없고 모두가 상대적으로 이해될 수 있다는 것이다. 시간과 공간의 상대성은 지식의 상대성으로까지 확장되어 Al-Khalili(Spinelli, 2015에서 인용)는 "19세기 물리학은 우리가 더 많이 이해할수록 더 많은 것을 확실하게 알 수 있을 것이라고 가정했던 반면, 20세기 물리학은 우리가 더 많이 이해할수록 우리가 안다고 생각하는 것이 더욱 불확실해지는 사실이 드러나기 시작한다"라고 말하고 있다. 이 모든 예는 우리가 확실하다고 하는 것이 사실은 얼마나 불확실한 것인지를 말해 주는 것이며, 우리의 확실성은 결국 불확실성의 토대 위에 자리 잡고 있음을 보여 준다.

그러나 Spinelli는 모든 것이 불확실하지는 않으며, 생명 활동과 유지에 필요한 환경이나 생화학적 변인들과 같은 전제조건들은 불확실하다고 말할 수 없다고 한다. 불확실성의 원리는 이러한 전제조건들의 맥락 내에서의 불확실성을 말하는 것이고, 결국 불확실하다는 것은 이와 같은 몇 가지 확실한 전제조건 안에서 우리의 경험이 무한한 가능성에 열려 있다는 것을 의미한다. 한마디로 고정성 안에서의 가변성을 말하는 것이다. 이는 우리의 상식에 부합하는 설명으로 볼 수 있다.

그러나 나는 첫 번째 전제인 '연기'와 관련하여 말한 바와 마찬가지로, Spinelli의 불확실성에 동의하지만 그 엄밀성 부분에서는 전적으로 동의하지는 않는다. 불변하는 것에 근거한 변화, 고정성에 근거한 가변성, 확실성에 근거한 불확실성은 상식적인 자연적 태도에서는 수용 가능한 것이지만 엄밀하고 깊은 수준에서는 부정될 수밖에 없다고 생각한다. '연기'가 매우 엄밀한 수준에서의 연관성이라고 볼 수 있는 것처럼, 주체적 실존치료의 전제인 '불확실성'은 확실성의 바탕 위에서의 가능성이라는 불확실성에 국한된 것이 아니라, 가능성을 포함하여 가능성을 가능하게 하는 모든 요소에 대한 불확실성을 의미한다.

이것은 우리의 상식에 반하는 것으로 여겨질 수 있다. 주체적 실존치료에서 주체와 주체성을 구분한 것을 생각해 보자. 확실한 것이 전혀 없는 것은 아니라는 불확실성에 대한 설명은 실제 주체적 실존치료 장면에서는 유용할 수 있다. 치료 장면에서 우리는 대개 '나'와 '너'가 이미 있다고 생각하고 출발하기 때문이다. 특히 자연과학적 의학 모델에 기초하고 있는 현재 상황을 고려하면 '나'와 '너'가 있다고 생각하고 출발한다는 말 자체가 무의미하게 들릴 정도이다. 그러나 주체적 실존치료는 '주체'가 무엇인지 우리는 전적으로 알 수 없다고 본다. 주체라는 것은 그 한계를 정할 수 없는 무한히 열린 체계이다. 나는 내가 누구인지 궁극적으로, 그리고 최종적으로는 결코 알 수 없는 그런 존재자라는 것이다. 그러나 우리는 주체의 한 측면인 주체성이라는 것을 갖고 있고, 그 주체성 때문에 내가 누구라고 말하면서 동시에 알 수 없는 주체의 구성작용에 끊임없이 참여하고 있다.

주체성의 측면에서는 필수적인 확실성을 가정하는 것이 가능하고 필요하며 유용할 수 있지만, 주체를 생각할 때 확실성은 그 힘을 잃게 된다. 주체를 생각할 때 우리가 아는 것은 오직 우리가 그것을 전적으로 알지 못한다는 사실뿐이다. 따라서 불확실성을 어느 수준에서 생각하느냐에 따라 불확실성은 전적이고 완전한 불확실성일 수도 있고, 부분적이고 불완전한 불확실성일 수도 있다. 나는 주체적 실존치료의 전제인 불확실성을 엄밀하고 깊은 수준에서의 불확실성으로 정의한다. 한마디로 하자면 모든 것이 불확실하다는 것이다. 확실한 것이란 없다. 여기서 중요한 것은 불확실하다는 나의 주장 또한 불확실하다는 것을 잊지 않는 것이다. 이것 또한 연기하는 것이기 때문이다.

Spinelli(2015)는 확실하다는 주장도 확실성을 표현하는 것이고, 불확실하다는 주장도 확실성을 표현하는 것이라고 말하면서 동시에 물리학 이론들을 근거로 "확실성에 대한 불확실성, 불확실성에 대한 불확실성"을 말하고 있다. 이것을 나의 말로 달리 표현하면 우리의 주체성 측면은 확실성의 토대 위에서(물론 이 확실성조차도 인연생기하는 불확실성에 근거하지만) 확실성과 불확실성을 취할 수 있다. 그러나 주체와 관련해서 우리는 확실성이나 불확실성 자체를 말할 수 없고, 단지 "모른다"라고 말할 수 있을 뿐이다. 엄밀한 의미에서의 '불확실성'은 '모름', 즉 아는 것의 반대 개념으로서의 모름이 아니라

'알고 알지 못하고를 포괄하는 모름'이고, 그렇기 때문에 진정한 '불확실성'이라고 볼 수 있다. 주체성 측면에서는 불확실성을 '가능성'으로 대체하는 것이 가능하지만, 주체 측면에서는 불확실성을 가능성이 아닌 '모름'으로 보아야 한다는 것이 나의 입장이다.

그리고 Spinelli의 주장이나 내가 지금 이러저러한 주장을 하는 그것들은 주체성의 개현이므로 이는 이미 하나의 관점을 취한 것이라는 점을 기억해야 한다. 즉, 모든 것은 인연생기이고 우리는 나라는 존재에 대해 전적인 확실성을 가질 수 없지만, 항상 주체의 한 측면인 주체성으로 개현하는 나는 확실성을 가지고 확실한 것을 혹은 확실성을 가지고 불확실한 것을 취할 수 있다. 여기서의 불확실성은 '가능성'으로, 확실성은 '관점'으로 볼 수 있다. 결국 불확실성을 토대로 한 확실성은 주체와 관련해서는 앎도 아니고 알지 못함도 아닌 '모름'이고, 주체성과 관련해서는 가능성을 토대로 취해진 '관점'이라고 할 수 있다.

우리는 치료 장면에서 대체로 확실성을 기반으로 한 불확실성, 즉 치료자와 내담자 혹은 그 밖의 여러 가능한 관점을 준거로 한 다양한 가능성을 전제하고 작업한다. 즉, 주체성의 측면을 사용하는 것이 치료의 작업 전체일 수 있다. Cooper와 MacLeod(2011)도 "실존적 불확실성은 항상 개방적이고 다원적인 가능성"을 품고 있다고 말한다. 그러나 치료의 한계가 그럴지라도 그 한계 때문에 엄연한 전제인 '모름'을 부정할 수는 없다. 또한 진정한 불확실성의 전제를 수용하는 치료자와 그렇지 않은 치료자 간의 차이는 명시적인 혹은 암묵적인 다양한 현상을 통해 분명하게 드러날 것이다.

Spinelli는 서구 문화가 확실성은 과대평가하고 불확실성은 과소 평가하며, 확실성은 강점으로 불확실성은 약점으로 여긴다고 말한다. 하지만 내가 보기에 동양 문화는 이미 충분히 서구화되었고, 더 이상 서양과 동양 간의 큰 차이가 있는 것 같지 않다. 이는 치료 장면에서도 마찬가지이다.

3. 관점주의

주체적 실존치료의 세 번째 전제인 '관점주의(perspektivismus/perspectivism)'는 Nietzsche로부터 유래된 것이다. Nietzsche(2005b)는 "세계가 무한한 해석을 자체 내에 내포하고 있고, 지금까지 우리는 이 세계를 오류와 허위로, 우리의 존경의 소망과 의지에 따라, 즉 필요에 따라 해석해 왔다"라고 하면서 "오직 하나의 올바른 해석만이 있다는 …… 근본 전제는 …… 심리학적으로 경험상으로 틀렸다. …… 오직 관점주의적으로 보는 것만이, 오직 관점주의적인 '인식'만이 존재한다: 우리가 한 사태에 대해 좀 더 많은 정서로 하여금 말하게 하면 할수록, 우리가 그와 같은 사태에 대해 좀 더 많은 눈이나 다양한 눈을 맞추면 맞출수록 이러한 사태에 대한 우리의 '개념'이나

'객관성'은 더욱 완벽해질 것이다"(Nietzsche, 2002a)라고 말한다.

또한 Nietzsche는 세계가 본질적으로 관계-세계이고, 세계는 상황에 따라 각각의 점(punkt)에 의해서 다양한 모습을 지닌다고 하면서 "다양한 눈들이 있다. 스핑크스도 역시 다양한 눈을 가지고 있다. 따라서 다양한 '진리'들이 존재한다. 그러므로 어떠한 진리도 존재하지 않는다"(Nietzsche, 2004b)라고 주장한다. Nietzsche(2002a)는 "물리학도 단지 하나의 세계 해석이며 세계 정리"이지 세계 설명이 아니라고 하면서 관점적 평가와 가상성에 바탕을 두지 않는 한 삶이란 것은 전혀 존립할 수가 없을 것이라고 말한다. 더 나아가 Nietzsche는 다음과 같이 말하기까지 한다.

> "정신적 고통 자체도 나에게는 전혀 사실이 아니라, 지금까지 정확히 형식화할 수 없었던 사실들에 대한 하나의 해석(인과적 해석)에 불과하다고 생각된다. …… 해석은-의심의 여지없이-새로운 고통을 가져왔고, 좀 더 깊고, 좀 더 내면적인, 좀 더 독이 있는, 삶을 갉아 먹는 고통을 가져왔다. …… 모든 시대는 자신만이 갖고 있는 힘에 의거해 그 시대에 허용될 수 있는 덕과 금지해야 하는 덕 또한 결정한다." (Nietzsche, 2002a)

Nietzsche는 그의 저작 여러 곳에서 우리가 진리 혹은 사실이라고 생각하는 것, 더 나아가 나라고 생각하는 것조차 단지 해석일 뿐이라는 점을 강조하고 있다. Nietzsche는 해석을 인간에게 부여된 실존의 방식으로 보며, 모든 진리를 특정 관점에서의 해석으로 보고 관점주의를 역설한다. Nietzsche(2005c)는 '이성적 사유'조차도 "우리가 버릴 수 없는 도식에 따른 하나의 해석"이라고 평가한다. 이처럼 관점에 따라 대상은 달리 보일 수 있으며, 세계는 달리 해석될 수 있다는 Nietzsche의 관점주의는 '해석적 다원주의'(김정현, 2013에서 인용)로 표현되기도 한다. 모든 사실은 인간의 가치 평가가 개입된 해석으로 간주된다.

Nietzsche는 이러한 '관점'을 전환할 수 있는 근거 혹은 도구를 '가치의 전환'으로 생각했는데, 이는 한 개인이 어떤 가치를 가지고 있느냐와 어떤 관점주의적 인식을 가지고 있느냐 사이에 밀접한 관계가 있음을 의미한다. 다음과 같은 Nietzsche의 말은 이런 점을 부각한다.

"너는 너의 주인이며 동시에 네 자신의 미덕의 주인이 되어야만 했다. 과거에는 미덕이 너의 주인이었다. 그러나 그 미덕은 다른 도구들과 마찬가지로, 오로지 너의 도구여야 한다. 너는 너의 찬성과 반대에 대한 지배력을 터득하여 너의 더 높은 목적에 필요할 때마다 그 미덕을 붙이거나 떼 버리는 것을 배워야만 했던 것이다. 너는 모든 가치 평가에서 관점주의적인 것을 터득해야만 했다―지평의 이동, 왜곡 그리고 표면상의 목적론과 관점주의적인 것에 속하는 모든 것 그리고 대립된 가치들과 관계하는 약간의 우둔함, 찬성과 반대와 함께 항상 지불되는 지적 희생도 터득해야만 했다. 모든 찬성과 반대 속에 포함된 필연적인 불공평을 이해하는 것을 배우고 그 불공평은 삶에서 분리될 수 없는 것이며, 그 삶 자

체를 관점주의적인 것과 그 불공평에 의해 제약되는 것으로 터득해야 했던 것이
다."(Nietzsche, 2001)

　Nietzsche는 우리가 자기 자신이 되어야 하고 자기 삶의 주인이
되어야 하며, 그러기 위해서는 자신의 가치를 자기 스스로의 관점으
로 정립하는 것이 필요하다고 말하고, 그 관점은 다양한 관점 중 자
기 자신이 선택하고 결정한 하나의 관점이라는 점을 강조하고 있다.
즉, 내가 어떤 관점을 가지느냐에 따라서 혹은 내가 어떤 해석을 하
느냐에 따라서 그것은 나에게 가치가 있기도 하고 가치가 없기도 한
것이니 모든 가치의 준거가 나의 관점에 있다는 뜻이 된다.

　Nietzsche(2000)의 "모든 사물의 가치는 너희에 의해 새롭게 정립
되어야 한다! 그러기 위해서 너희는 투쟁하는 자가 되어야 한다! 그
러기 위해 너희는 창조하는 자가 되어야 한다! …… 스스로 자신을
선택한 너희로부터 선택된 민족이 나와야 한다. 그것으로부터 위버
멘쉬가 나와야 하고……"와 같은 말은 가치 준거의 결정론자로서의
우리 자신, 다시 말해 우리 자신의 관점의 중요성을 부각한다.

　동시에 이는 우리가 가치 있다고 생각하는 것이 모두에게 가치 있
는 것이 아니라 단지 자기의 관점에서 자신에게 가치가 있는 것일
뿐임을 말하는 것이다. 이 세상과 이 세상에 속한 모든 것은 '관점'과
'해석'에 따라 그 가치와 의미, 중요성 등이 결정될 뿐 그 이상도 이
하도 아니다. 그리고 그 관점과 해석은 다름 아닌 '나의 관점'과 '나

의 해석'일 뿐이다. 모두에게 통용되는 진리가 있는 것이 아니라 오직 '나'의 진리만이 있는 것이다. Nietzsche는 다음과 같이 강조한다.

"세계의 가치는 우리의 해석에 있다는 점(어쩌면 어디에선가는 단순히 인간적인 것과는 다른 해석들이 가능하다는 점), 종래의 해석들은 우리가 권력을 증대하기 위해 생명, 즉 힘에의 의지를 보존할 수 있도록 해 주는 관점주의적 평가들이라는 점, 모든 인간의 향상은 편협한 해석들의 극복을 수반한다는 점, 모든 도달한 강화와 권력 확장은 새로운 관점들을 열어 놓고 또 새로운 지평들을 믿게 한다는 점—이것이 나의 저서들을 관통한다."(Nietzsche, 2005c)

앞서 기술된 주체적 실존치료의 전제를 고려한다면 연기와 불확실성에 이어 세 번째 전제로 관점주의가 제시되는 것이 자연스럽게 인식될 것이다. 모든 것이 인연생기이므로 고정된 실체란 존재하지 않기 때문에 모든 것은 결국 불확실한 것, 즉 모르는 것이 된다. 그러므로 우리가 어떤 것을 어떤 것이라고 지각하고 인식할 수 있는 유일한 근거는 바로 우리의 관점일 뿐이다. 말하자면 내가 어떠한 인식론적 · 존재론적 관점을 가지고 있느냐에 따라 있는 것과 없는 것 또 어떤 것이 무엇으로 어떻게 있는 것 등이 결정되는 것이다. 물론 우리의 관점 자체가 홀로 독립되어 고정되어 있는 것이 아니라, 이 역시 끊임없는 연기와 불확실성을 내포하고 있다는 점을 숙지하는 것이 중요하다.

제5장 주체적 실존치료에서 '치료'의 의미

통상적으로 '치료'라고 하면 '병이나 상처를 잘 다스려 낫게 함'이라는 정의를 떠올리게 된다. 흔히 영어사전에서 정의하는 '치료(therapy)'도 '정신, 신체의 병리적 상태(pathological condition)를 치유(cure)하거나 증상(symptom)을 제거 혹은 완화시키는 것'을 의미한다. 심리치료를 찾는 내담자들 역시 치료는 당연히 자신의 병이나 증상을 낫게 하거나 완화시켜야 하는 것이라고 믿는 경우가 대부분이다. 그러나 실존치료는 자연과학적 의학모델이 아니라 주로 생철학과 현상학 그리고 실존철학을 바탕으로 발전하였고, 내담자의 문제를 '병리적' 문제로 보기보다는 '삶'의 문제로 보는 경향이 있다.

같은 맥락에서 Langdridge(2013)는 실존치료가 비의학적(non-medical) 입장을 취하고 있고, 증상에 대한 매뉴얼화된 진단을 신뢰하지 않는다고 말한다. 또 Spinelli(2015)는 실존적 현상학의 관점에서 '증상(symptom)'을 그 본래의 의미에 근거해 고찰할 때, 증상이란 한 개인이 주관적으로 경험하는 생각과 느낌 그리고 행동의 이례적인 장애라고 정의한다. 더 나아가 Spinelli는 DSM(Diagnostic and Statistical Manual of Mental Disorders)과 ICD(International Classification of Disease and Health Problems)가 정신의학적(psychiatric) 진단이지,

치료적(therapeutic) 진단은 아니라고 말한다. 그리고 정신장애 혹은 불안정의 증상은 주관적인 것이고, 이는 다른 사람들에 의해 직접적으로 측정될 수 있는 것이 아니며, 오직 내담자 자신만이 자기 경험에 대한 기술(description)과 평가(evaluation)를 통해 자기 증상을 진단할 수 있다고 말한다.

Deurzen(2010)은 실존치료자들은 전체적으로 체계와 학파를 거부하고 자유와 개인성을 선호하는 경향이 있다고 하면서 심리치료자들이 이미 자신들이 알고 있다고 생각하는 것에 초점을 두기보다는 아직 알아가야 할 인간의 측면들에 더욱 관심을 두기를 호소한다. 또 Spinelli(2001, 2005, 2015)는 실존치료자들이 내담자들이 호소하는 다양한 증상을 의학적으로 구분하여 분별하거나 병리화하지 않고, 증상의 개선이나 제거를 자신들의 주요 과제로 삼지 않으며, 오히려 내담자들이 그들이 경험하는 어려움으로부터 벗어나기보다는 그 어려움에 더욱 집중하도록 돕는 것을 과업으로 생각한다고 말한다.

이와 같은 맥락에서 실존치료자들은 '치료'의 정의를 정신의학적 '병'의 관점이 아닌 다른 관점에서 바라보고자 하는 경향이 있다. 몇 가지 예를 들면 다음과 같다.

Deurzen(2012b)은 '심리치료(psychotherapy)' 또는 '정신(psyche)의 치료'라는 단어는 다양한 의미로 사용된다고 말한다. 'Therapy'라는 단어의 어원은 '돌보다'라는 뜻의 그리스어 동사 'therapeuo'이다. 그리고 'psyche'라는 단어는 번역하는 사람에 따라 마음(mind)이

나 정신(soul) 또는 자아(self)라는 뜻으로 사용되기도 한다. 그러나
고대 그리스어를 직역하면 '생명력(vitality) 또는 생의 숨결(breath of
life)'을 의미하고, 더 나아가 우리 삶의 활력의 근간이 되는 인간의식
의 힘과 용기의 정신[라틴어로 spiritus는 '숨결(breath)'을 의미함]을 의
미한다. 그러므로 우리가 말하는 'psychotherapy'는 '생을 돌보는 것
(attending to the force of life)'으로 정의될 수 있다고 Deurzen은 주장
한다. Craig(2019)는 'psychotherapy'의 어원을 그리스어 'psyche'와
'therapeuein'라고 하면서 'psyche'의 의미는 '정신(soul)', 'therapeuein'
의 의미는 '돌보다(attend), 돕다(serve), 보살피다(wait upon)'라고 소
개하고 있다.

Spinelli는 치료 개념인 'therapeia'라는 단어의 본래 의미가 "누군
가가 세상 속에서 존재하고 삶을 영위하는 데 있어 그의 곁에서 함
께함으로써 그 사람을 '돌보는(attending to)' 일"(Spinelli, 2015에서
인용)이라고 말한다. 이 정의에는 처치(treatment), 치유(cure), 향
상(enhancement), 교육(education), 개선을 위한 개입(ameliorative
interventions), 직접적인 변화(directive change), 일반적인 도움이나
원조(general help or assistance) 혹은 현대 심리치료가 도입하고 있는
어떤 준-의학용어(quasi-medical terms)도 포함되어 있지 않다는 것
이다. 대신 이 정의는 '곁에 있다(stand beside)'와 '함께하다(be-with)'
를 의미한다(Pomponi, 2019).

Plock(2012)는 심리치료의 본래 의미를 '정신을 돌보는 것

(attending to the soul)'으로 정의하고 있고, Hoeller(2012)는 'psychotherapy'를 'iatroi logoi(healing words, 치유의 말)'로, 'therapists'를 'iatrologicians (specialists of the art of rhetoric, 수사학 전문가)'로 소개한 Szasz를 인용하고 있다. Szasz(1978)는 우리가 현재 일반적으로 'psychotherapy(cure of souls)'라고 부르는 것을 고대 그리스인 Aeschylus는 'iatrologic'이라고 불렀는데, 이는 'iatroi logoi', 즉 치유의 말을 의미한다고 소개한다. 그리고 'iatrologic'은 수사학(rhetoric)과 논리학(logic)의 한 분야로 이해할 수 있는데, 이 분야의 전문가는 'iatrologicians'로 불리고, 이들의 활동은 과학(science)이 아니라 예술(art)로 분류된다고 말한다. 한마디로 Szasz는 심리치료가 자연과학적 의학모델에 의한 진단과 처치를 하는 과학적 접근이 아니라는 점을 주장하고 있다고 볼 수 있다.

이처럼 실존치료자들에게 '치료' 혹은 '심리치료'의 의미는 우리가 일반적으로 알고 있는 '병 혹은 증상의 완화 또는 제거'와는 다르다. 주체적 실존치료는 이러한 정의들을 수용하면서 이 정의들의 가장 기본적이고 공통되는 요인으로 판단되는 '만남(참여)'을 치료의 일차적 정의로 채택하였다. 이는 치료의 정의를 엄밀한 차원에서 고찰했을 때 그 가장 핵심에는 결국 사람과 사람의 '만남'이라는 것이 존재하고, 만남이라는 것은 각 사람이 그 만남에 '참여'하는 것을 의미하며, 이 만남(참여)을 기초로 관점에 따라 다양한 접근이 시도되기 때문이다('상담(相談)'도 '서로 이야기하다'라는 뜻이므로 나는 이 책에서 '치료'와 '상담'의 의미를 다른 것이라고 구분하지 않는다. 따라서 독자들은 내가 '치료'라고 말하는 것이나 '상담'이라고 말하는 것을 같은 의미로 이해하며 이 책을 읽으면 된다].

이와 관련해서는 Heidegger(1997)의 '심려(Fürsorge)' 개념을 참고하는 것이 도움이 될 것이다. Heidegger는 현존재의 존재를 "(세계 내부적으로 만나게 되는 존재자) 곁에-있음으로써 자기를-앞질러-이미-(세계)-안에 있음"이라고 하면서 '염려(Sorge)'로 규정한다. 이때 염려는 존재론적-실존론적으로 사용되고 있으므로 보통 우리가 생각하는 '걱정'이라는 존재적 의미는 아니다. 그런데 Heidegger는 인간 존재자와 사물 존재자를 구분하고, 사물 존재자와의 관계를 '배려(Besorgen)'로, 인간 존재자와의 관계를 '심려(fürsorge)'로 규정한다. 우리가 타인들과 맺는 다양한 방식의 관계 맺음, 즉 타인에게 마음을 쓰는 방식이 '심려'인 것이다.

현존재는 이미 세계-내-존재이므로 근원적으로는 하나의 독립적인 개체라고 말할 수 없다. 이미 모든 것과 염려를 통해 관계를 맺고 있고, 그 관계 중 특별히 사람과의 관계를 '심려'로 지칭하는 것뿐이다. 심려는 '더불어 있음(함께 있음)' '돌봄(고려)' '함께 거기에 있음(공동 현존재)'(이기상, 구연상, 1998) 등을 의미한다. Heidegger의 '염려'가 존재적 의미의 걱정이 아니라 존재론적-실존론적 개념인 것처럼, '심려' 역시 사전적 의미인 '마음속으로 걱정함'이 아니라 사람과의 관계, 즉 함께 있음이다. '돌본다(attend to)'라는 치료의 의미 또한 우선은 함께함이 전제되어야 하는 것은 물론이다. 더불어 함께 있으면서 돌봄이라는 행동을 하게 되는데, 이때 '함께 있음'이라는 일차적 현상을 토대로 이차적 현상이라고 할 수 있는 '돌봄'이라는 '어떻게 있음'이 나타나는 것이다.

치료의 종류나 형태가 아무리 다양할지라도 엄밀한 의미에서 치료 그 자체는 우리가 하나의 장에서 만나는 것, 즉 하나의 장에 참여하는 것을 말한다. 그렇다면 치료, 즉 만남(참여)은 구체적이고 현실적인 과정 현상으로써 어떻게 드러나는가? Heidegger의 용어를 빌려 표현하자면, 더불어 있고 함께 있으면서 돌보는(고려하는) 현상이라는 것은 과연 구체적으로 또 현실적으로 무엇을 말하는가? 주체적 실존치료는 이 만남(참여)의 구체적 현상을 '같이 알아보기'와 '함께 궁리하기'로 정의한다.

치료는 일차적으로 '만남(참여)'이다. 그런데 이 치료라는 만남의 명시적 형태는 '같이 알아보기'와 '함께 궁리하기'이다. 즉, 치료는 두 사람이 만나서(참여하여) 같이 알아보고 함께 궁리하는 것을 말한다. 무엇을 같이 알아보고 무엇을 함께 궁리할 것인지는 상황과 맥락에 따라 달라지겠지만, 치료자와 내담자가 같이 그리고 함께 만나고 참여한다는 사실은 어떤 상황적 맥락에서도 변함이 없는 것이다.

정리하자면 '치료'는 곧 '만남(참여)'이다. 그리고 만남과 참여라는 것이 구체적으로 어떻게 드러나는가에 초점을 둔다면, 이는 '만남(참여)'을 통해 지금 무슨 일이 일어나고 있는가를 '같이 알아보고' 또

'함께 궁리하는' 것이라고 말할 수 있다. 물론 같이 알아보고 함께 궁리할 현상은 그 무엇도 될 수 있다. 현상, 즉 주제(화두) 혹은 문제(관심사)보다 우선 중요한 것은 만남(참여)이다. 따라서 주체적 실존치료에서 '치료(therapy)'의 정의는 '만남(참여), 같이 알아보기, 함께 궁리(窮理)하기('궁리'의 정의는 사물의 이치를 깊이 연구함, 일을 처리하거나 개선하기 위하여 마음속으로 이리저리 따져 깊이 생각함, 또는 그런 생각)'이다.

많은 치료자가 이 '만남(참여)'의 중요성 자체와 만남의 일차적 기능과 역할을 간과한다. 대체로 내담자들이 치료를 받고자 할 때 가장 필요로 하는 것은 '치료자'와의 '만남'이다. 내담자들은 근본적으로 자신의 이야기를 말로 하고 자신이 말로 한 이야기를 들어 주고 반응해 줄 타자, 즉 치료자를 원하기 때문에 치료를 찾는다. 그렇지 않고 증상의 제거만을 원한다면 정신과에 가서 진단을 받고 약 처방을 받는 것을 선택할 가능성이 크다. 치료를 통해 자신의 증상이나 문제가 바로 사라지거나 완화되기를 기대하는 내담자는 현실적으로 많지 않다. 그런 획기적인 변화가 대화(말)를 통해 바로 일어나지 않는다는 것은 대부분 인지하고 있다. 그런 기적적인 변화를 원하기는 하지만 그것이 비현실적이고 비합리적이라는 생각을 동시에 하는 것이다.

그럼에도 불구하고 많은 사람이 치료를 선택하는 이유는 타자(치료자)와의 만남과 대화를 통해 자신의 이야기를 하면서 자기 자신의 문제(주제, 화두, 관심사)를 탐구하기 위해서이다. 물론 이 탐구의 목적이 문제의 제거 혹은 완화일 수는 있지만, 이것이 일차적 목적이 아니라는 것은 조금만 생각하면 대부분의 내담자가 인지할 수 있다. 그저 너무도 당연해서 한 번도 타자와의 만남과 대화가 일차적으로 자신에게 필요한 것임을 생각하거나 알아차리지 못했을 뿐이다. 물론 드물기는 하지만 어떤 내담자들은 문제의 제거 혹은 완화가 아니라 치료자와의 대화 자체를 분명한 목적으로 삼는 경우도 있다. 그러나 대부분 내담자도 치료자도 너무나 당연하다고 여겨 치료의 근본적이고 엄밀한 기능과 역할을 망각한 채, 문제의 내용과 결과에만 집착한다. 대화(이야기) 자체와 대화의 내용 모두가 중요한데, 내용에만 초점을 둘 뿐 두 사람의 만남을 통한 대화 속에서 내용이 생기고 변화하고 사라지는 그 자체의 역동에는 초점을 두지 않는 것이다.

나는 개인적으로 이것이 큰 문제라고 생각한다. 주체적 실존치료는 '치료'라는 것을 요즘 일반적인 치료의 의미와 다르게 정의한다. 그 이유 중 하나가 바로 치료라는 것이 무엇인지 엄밀하게 다시 생각하고 그것의 근본적인 기능과 역할을 고민해 보고자 하는 의도이다. 나는 치료자들이 '치료'가 무엇인지에 대한 하나의 고정된 정의만 존재하는 것이 아니라 다양한 치료의 정의와 의미가 존재한다는 것과 앞으로 새로운 치료의 정의가 얼마든지 만들어질 수 있다는 가능성을 염두에 두기를 바란다. 그리고 각 치료자가 자신이 추구하는 치료가 무엇인지에 따라 주체적으로 치료의 정의를 선택하거나 창

조하고, 엄중한 책임감을 의식하면서 그 치료를 실행하는 것은 물론
이고 그 실행의 결과에 대한 자기 기여만큼의 책임을 전적으로 질
수 있기를 바란다. 특정 대가(大家)의 특정 치료 방법을 수련하고 실
행할 때조차도 수련과 실행의 주체가 자기 자신이라는 점을 명확하
게 알아차리고, 그 선택과 결정에 대한 온전한 책임을 수용하는 것
이 전문가의 자세라고 생각한다. 모방하기만 하는 치료자는 책임지
기도 거부하는 자기기만에 빠질 가능성이 크다.

　이는 내담자에게도 그대로 적용된다. 나는 내담자 역시 자기 문제
를 어떻게 다루고 싶은지, 즉 치료를 통해 무엇을 하고 싶은 것인지
심사숙고한 후 자신이 생각하는 의미의 치료에 합당한 치료를 선택
하고 자신의 선택에 대해 책임지기를 촉구하고 싶다. '치료'를 무엇
이라고 생각하는지 다양한 정의가 있을 수 있다. 치료가 어떤 것이
라는 기존 주류의 정의를 선택할 수도 있지만 그렇지 않을 수도 있
다. 나는 내담자가 자신의 문제를 마치 제3자의 문제처럼 객관적으
로 바라보려고 하는 것 자체가 이미 자기 문제 혹은 자기 삶의 주인
임을 포기하는 것일 수 있다고 본다. 물론 나다움의 나를 포기하고
자신을 제3자처럼 다루겠다고 결단한 경우는 예외가 되겠지만 말이
다. 나는 나만의 지평을 가진 유일한 존재자이고, 따라서 나의 문제
역시 나의 문제만이 가진 지평을 토대로 하고 있다. 이는 자신의 문
제를 오직 자신의 것으로 수용하고 그에 따라 그 문제를 탐구해야
할 타당성과 필요성을 의미한다.

　내담자들은 정신과 진단명이나 심리 검사 결과의 명칭 및 점수 등으로 자신을 비로소 알게 된 것처럼 여기는 경우가 많다. 그러나 심리 검사 문항을 읽고 그것을 나름대로 이해한 후 그에 대한 답을 제출한 것이 자기 자신이라는 점을 간과하는 경우가 적지 않다. 자기가 자기에 대해 응답한 결과가 바로 심리 검사의 결과인데 말이다. 이는 표준화된 객관적 검사뿐 아니라 투사검사도 마찬가지이다. 내담자 자신이 어떤 자극에 대해 자신의 어떤 면을 투사했기 때문에 그런 검사 결과가 나오는 것이라는 기본적인 바탕을 망각하는 경우가 있다. 물론 내가 어떤 것이 양적인 숫자나 명확하게 개념화된 명칭으로 제공될 때 일어나는 통찰을 무시하는 것은 아니다. 그것에 내담자 자신이 얼마나 어떻게 기여하고 있는지를 망각하거나 간과하는 것의 문제를 지적하는 것이다. 이는 치료자 역시 마찬가지이다. 치료자 역시 검사 결과의 주요 요인이 내담자 개인이라는 것을 잊지 않아야 한다. 지필 검사가 아니라 치료자가 직접 내담자와 상호작용하면서 검사를 실시한 경우, 치료자 자신 또한 검사 결과의 중요한 요인 중 하나라는 것을 기억해야 하는 것은 당연하다.

　반면에 어떤 내담자는 진단명이나 검사 결과가 자신의 상태를 전혀 반영하지 못한다고 무시하기도 하는데, 이 또한 똑같은 문제를 드러낼 뿐이다. 자기가 증상을 서술하고 자신이 문항을 선택하거나 투사한 것이 그 결과에 한몫을 차지하고 있다는 엄연한 사실을 인식한다면, 진단명이나 검사 결과가 전혀 맞지 않는다는 등의 이야기를 할 수는 없을 것이기 때문이다. 마찬가지로 치료자가 진단명이나 검사 결과를 무시한다면, 이 역시 내담자라는 한 개인의 기여와 몫 혹은 치료자 자신의 기여와 몫을 무시하는 것이 된다. 모든 것이 인연생기임을 생각한다면, 진단명이든 검사 결과이든 그것이 어떤 것들로 말미암아 형성되고 특정한 고정된 현상으로 이름 붙여지는지를 알고, 그것들의 기여에 따라 그 결과들을 보는 것이 마땅하다.

결론적으로 치료와 관련된 모든 것 역시 인연생기이고 따라서 모든 것이 불확실할 뿐인데, 그 가운데서 어떤 한 관점을 취하는 것이 치료일 뿐이라는 점을 기억할 필요가 있다. 절대적이고 확실하며 고정된 치료의 정의나 방법이 존재하는 것이 아니다. 각자의 관점에 따라 어떤 치료 혹은 어떤 방법이 존재할 뿐이다. 현 시대의 많은 사람이 공유하는 관점이 그저 주류가 되는 것이고, 소수의 사람이 공유하는 관점이 그저 비주류가 되는 것이다. 치료와 관련해서도 주류와 비주류가 있을 뿐 하나의 정답은 없다. 물론 독자 중 누군가가 하나의 정답이 존재한다는 관점을 주장한다면 나는 그것 또한 그 독자의 관점으로 인정할 것이다. 나에게 나의 관점이 있는 것과 똑같이 그 사람의 관점이 있는 것일 뿐이고, 이 모두가 그저 인연생기일 뿐이라고 믿기 때문이다.

어떤 사람들은 내담자가 치료의 정의를 생각하고 선택하며 그 결과에 책임질 수 있다는 것이 어불성설이라고 말할 수도 있다. 이는 내담자를 그러한 능동적인 생각과 선택을 할 수 있는 상태에 있지 못하고 수동적으로 치료를 받아야 할 상태에 빠져 있는 대상으로 보는 것이다. 내담자는 특정 치료를 '받아야만 하는' 사람이고, 치료자는 특정 치료를 '제공해야만 하는' 사람이라고 보는 것이다. 여기에 '만남(참여)'을 자각할 여유와 공간은 없다. 어떤 치료자와 어떤 내담자가 그런 관점을 취한다면 나는 그것에 반대할 생각이 전혀 없다. 그리고 많은 사람이 치료를 그런 의미로 생각하고 있다는 것을 부정하지도 않는다.

그러나 나는 다른 관점을 취하기 때문에 치료를 다르게 본다는 것이고, 나와 같은 관점으로 치료를 생각하는 사람들이 소수이지만 존재한다는 것을 말하고 싶을 뿐이다. 그리고 이러한 '관점' 요인이 치료에서 매우 중요하다는 것을 치료자로서의 나의 경험을 통해서 확인해 왔다는 점을 말하고 싶을 뿐이다. 치료를 해 오면서 나는 '관점주의'와 '불확실성'을 더 확신하게 되었고, 관점주의와 불확실성을 포함한 모든 것이 '인연생기'일 뿐이라는 것을 경험적으로 더 믿게 되었다. 나는 치료자와 내담자가 이제는 '치료'가 과연 무엇인지에 대해서조차 주체적으로 엄밀하게 알아보고 궁리하기를 촉구하고 싶다.

제6장 주체적 실존치료의 정의

주체적 실존치료의 정의는 '주체의 실존(구체적 · 실제적 · 현실적 · 가능적 현존) 과정에의 주체적 참여(만남, 같이 알아보기, 함께 궁리하기)'이다. 이미 앞에서 '주체와 주체성' 그리고 주체적 실존치료에서의 '치료'의 의미를 기술하였으므로 주체적 실존치료의 정의에서 '주체적'과 '참여'의 의미는 이해 가능할 것으로 생각한다. 다만, 이 정의에서 나타나는 '실존'이라는 용어에 대해서는 좀 더 설명이 필요하다.

1. 실존

실존(existence)이라는 말은 그 기원이 실존(existentia)과 본질(essentia)을 구분했던 중세시대까지 거슬러 올라가는 철학적 개념이다(Gordon, 1999). Bollnow(2006)는 이때 본질은 어떤 무엇이 바로 그것인 것, 즉 이 존재자의 내용적인 규정들(속성들)을 이루고 있는 것을 말하고, 실존은 어떤 무엇이 있다는 사실, 다시 말하면 이러이러한(어떤 구체적인) 성질의 존재자가 현실적으로 있다는 사실을 가

리킨다고 말한다.

조광제(2013)에 의하면, '실존'의 기본 의미는 '실제로 존재함 또는 그런 존재'이고, 이 말은 그리스어 existanai와 라틴어 exsistere에서 유래하였다. exsistere는 명사인 existentia의 동사형으로, 'to exist' 'to appear' 'to stand out' 'to emerge' 'to stand forth' 'to become' 등의 의미가 있다. 동사 exsistere를 좀 더 자세히 살펴보면, 'ex-'는 그리스어 '……밖에' 혹은 '……너머'라는 뜻을 지닌 'eks-' 혹은 'ek-'에서 온 것이고, 'sistere'는 '자리를 잡다'라는 뜻을 갖는다. 즉, 'exsistere'는 '……밖에 자리하다' 혹은 '……너머에 자리하다'는 뜻이다. 라틴어 어원은 '……으로부터 밖으로 나가서 서다' '나타나다'라는 의미로서 이것은 관념론적 본질 규정 혹은 합리주의 체계의 밖으로 나와 구체적이고 개별적인 존재로 머무는 것을 의미하는 동시에 자기 자신의 바깥에 초월하는 존재를 뜻하기도 한다. 철학적 의미로는 '사물의 본질이 아닌, 그 사물이 존재하는 그 자체'이다. 실존치료자 Deurzen과 Kenward(2005)도 '실존(existence)'을 'to stand out' 또는 'to emerge'로 정의하고 있다.

중세 이후 실존철학자로 알려진 철학자들이 다양하게 실존 개념을 기술해 왔다. 그러나 특히 실존철학의 아버지로 여겨지는 Kierkegaard와 자기 스스로 실존철학자라고 자처한 Jaspers 그리고 최초의 실존치료 탄생의 기반이 된 Heidegger의 실존 개념에 대해서는 좀 더 살펴볼 필요가 있다.

Bollnow(2006)에 따르면, 단지 본질(essence)에 대비되는 개념으로서만 논의되던 실존(existence) 개념이 실존철학에 의하여 결정적인 방식으로 개조되는데, 즉 실존철학에 있어서 실존 개념의 적용범위가 '인간'에게 국한되기 시작한 것이다. '실존'이라는 말을 처음으로 '인간적 현실존재'의 뜻으로 사용해서 그 주체적인 개별성을 강조하고 그것으로써 내가 나 자신에 대해서 어떠한 관계에 있는가, 또 이 관계가 초월에 대해서 어떠한 관계에 있는가를 제시하려고 한 것은 Kierkegaard이다. 그는 『철학적인 단편(Philosophiske Smuler)』에 붙인 '궁극적인, 비과학적인 부록'에서 '실존하는 사상가' 혹은 '주체적인 사상가'라는 개념에 대해 이야기하고 있다. 그의 '실존하는 사상가' 혹은 '주체적인 사상가'라는 개념은 Hegel에서 구체화되고 있는 것으로 보이는 '추상적인 사상가' 혹은 '체계적인 사상가'에 반대하는 개념이다.

Kierkegaard에게 실존은 주체적으로 생각하는 것이다. 실존하는 사상가는 언제나 자기 자신과 관련된 상태에 있고 자기 자신에 무한한 관심을 가지고 있다. 따라서 실존하는 사상가는 모든 개념 규정을 깨뜨리는 끊임없는 생성 안에 있다. 이 생성은 Hegel적인 이념의 논리적 발전으로서의 생성이 아니라 개별자, 단독자가 자기의 자유로운 선택과 결단에 의해서 끊임없이 자기를 만들어 갈 때의 생성이다. 실존과 관련해서 Kierkegaard는 다음과 같이 말한다.

"객관적인 사상가는 사고하는 주체와 실존에 대하여 무관심한 데 반하여, 주체적인 사상가는 실존하는 사람으로서 그의 사고에 본질적으로 흥미를 가진다. 즉, 그는 바로 그 속에서 실존한다."(Bollnow, 2006에서 인용)

"주체적(=실존적) 사유자는 상상력, 감정, 변증법을 필요로 하되 정열과의 실존적 내면 관계에서 그들을 필요로 한다. …… 주관적 사유자의 과제는 자기 자신의 실존을 이해하는 데 있다. …… 주관적인 사유자는 실존하는 자다."(김종두, 2014에서 인용)

김종두는 Jaspers가 말한 인간 실존에 대해서 다음과 같이 정리한다.

"① 실존은 정적인 본질이 아니고 존재능력이다. 나는 이미 나를 소유하고 있지 않고 나 자신에게 이르는 과정에 있다. 실존은 항상 자신이 되느냐 되지 않느냐 하는 양자택일의 기로에 서 있다. 오로지 비장한 결단으로만 나는 나 자신이 될 수 있다. ② 키에르케고르가 피력한 바와 같이 실존은 자기 자신과 스스로 관계를 맺고 있다는 사실과 자신을 존재하게 한 하나의 절대적인 힘과도 관계를 맺고 있음을 아는 자다. 실존은 자유다. 그러나 실존은 초월자 없이 존재하지 않는다. ③ 실존은 다 각기 개별자와 자아로서 다른 그 무엇으로도 대리할 수 없고 대치할 수도 없다. 개인은 언어로 표현할 수 없는 존재이다. 실존은 무한성을 지닌 개별적인 사물이 아니고 스스로 성취해야만 하는 하나의 과제로서 무한한 그러한 실재다. 나는 오로지 결단을 통해서 나 자신이 될 수 있다. 실존이 참된 존재 가능성을 선택한다는 것은 초월자 앞에서 참된 자신이 됨을 의미한다. ④ 실존은 역사적이다. ⑤ 실존은 오로지 타 실존과 교류를 통해서만 자신이 될 수 있다. 고립된 독존으로서는 자아가 결코 자아가 될 수 없다. ⑥ 실존에 대한 지식을 소유하는 데서 내가 진정한 실존을 성취할 수 있는 것은 아니다. ⑦ 실존은 은사로 주어진 것이기에 그 정체는 근본적으로 감추어져 있을 수밖에 없다."(김종두, 2014)

2. 실존과 탈존

Heidegger는 특히 중요하게 다루어야 할 실존철학자이고, 그의 실존(Existenz) 개념은 자세히 살펴볼 필요가 있다. 왜냐하면 최초의 실존치료인 '현존재분석' 발생의 기초가 된 것이 Heidegger의 철학이고, 실존치료가 다른 치료들과 명확하게 구분될 수 있는 이원론(주-객 이분법)의 거부가 Heidegger의 철학에 큰 빚을 지고 있기 때문이다. Heidegger는 자신을 실존철학자로 여긴 적이 없으나, 그는 실존치료자들 사이에서 중요한 실존철학자이며, 그의 '실존' 개념은 실존치료에서 중요한 의미를 지닌다.

1) 전기 Heidegger의 실존

Heidegger는 실존에 대해 다음과 같이 말한다.

"현존재(Dasein)가 그것과 이렇게 또는 저렇게 관계를 맺을 수 있고 또 언제나 어떻게든 관계 맺고 있는 존재 자체를 우리의 실존이라고 이름한다. …… 현존재는 언제나 자기 자신을 그의 실존에서부터, 즉 그 자신으로 존재하거나 그 자신이 아닌 것으로 존재하거나 할 수 있는 그 자신의 한 가능성에서부터 이해한다. …… 실존은 오직 그때마다의 현존재에 의해서 장악하거나 놓치는 방식으로 결정된다."(Heidegger, 1997)

이기상과 구연상(1998)은 앞의 인용문에 대한 해설에서 '실존'은 자신의 존재에서 이 존재 자체가 문제시되는 현존재의 존재를 일컫는 말이고, 현존재가 실존한다는 것은 그가 자신이 존재할 수 있는 여러 가능성을 문제 삼으면서 존재한다는 것을 뜻한다고 말한다. 또한 이들은 Heidegger의 실존 개념에 대해 다음과 같은 해설을 하고 있다.

"실존(實存)이라는 낱말은, 낱말 그대로는, '실제적 존재'나 '사실적 존재'를 뜻한다. '실존'이라는 말은 따라서 '관념적 존재'나 '이념적 존재' 또는 '본질적 존재'에 대비되는 말로 이해되어왔다. '실존'은 현실 속에서 변화하는 구체적 '존재'를 지칭하는 것으로 이해되어왔다. 그러나 Existenz라는 말은 완전자로서의 '신(神)' '밖에(Ex-)' '섬(sistere)'을 뜻한다. 그러나 Heidegger는 Existenz를 신으로부터 떨어져 나와 자신의 존재를 자신이 가꾸어갈 수 있는 '존재양식'을 뜻하기 위해서 사용한다. Existenz는 사물과 같이 그 본질이 한 번 정해지면 더 이상 변할 수 없는 '존재양식'을 뜻하는 것이 아니라 자신의 존재를 자기 스스로 이루어 갈 수 있는 '존재가능'을 뜻하는 용어이다. 인간은 자신의 존재가 한번 정해지면 그것으로 끝나버리는 그러한 존재자가 아니라, 스스로 자신의 가능성을 끊임없이 설계하고 기획하면서 자신이 되고자 하고 또 될 수 있는 자신의 장래 모습에서부터 자신의 현재 모습을 문제 삼는 존재자인 것이다. 이렇게 인간은 자신의 존재를 그 가능성의 측면에서 끊임없이 문제 삼고 있다는 존재성격을 가지고 있다. 인간 현존재의 존재양식으로서의 '실존'은 '거기에 있음(현존재)'의 '거기' 속으로, 즉 '존재' 일반이 의미하는 바가 이해되어 있는 열린 '지평' 속으로 '들어서 있음'을 뜻한다. ······ 자신의 모든 존재가능성의 불가능성으로서의 죽음에로 앞서 달려가 봄으로써 자신의 본래적 유한성을 깨닫고, 그래서 자신의 '존재'를 자신의 '것(책임)'으로서 받아들여 자신을 가장 본래적인 존재가능에로 펼쳐 던지는('결단하는') 것이 바로 현존재의 가장 고유한 본래적 실존인 것이다."(이기상, 구연상, 1998)

Heidegger는 『존재와 시간』에서 인간(현존재)은 실존(Existenz)한다고 정의하면서 다음과 같은 말을 한다.

"현존재의 '본질'은 그의 '실존'에 있다. 따라서 이 존재자에게서 끄집어낼 수 있는 성격들은 어떤 이렇게 저렇게 '보이는' 눈앞의 존재자의 눈앞에 있는 '속성들'

이 아니고 오히려 각기 그때마다 그에게 가능한 존재함의 방식들이며 오직 이것일 뿐이다. 이 존재자의 모든 그리 있음은 일차적으로 존재이다. 그러기에 우리가 이 존재자를 지칭하고 있는 '현존재'라는 칭호는—책상, 집, 나무와 같이—그의 무엇을 표현하고 있는 것이 아니라 존재를 표현하고 있다. 이 존재자에게 그의 존재함에서 문제가 되고 있는 그 존재는 각기 나의 존재이다. …… 현존재의 말 건넴은 그 존재자의 각자성의 성격에 맞추어 언제나 인칭대명사를 함께 말해야 한다. 즉, '나는 이렇고', '너는 저렇다'라고. …… 현존재는 다시금 각기 그때마다 이런 또는 저런 존재함의 방식에서 나의 현존재이다. 현존재는 그가 어떤 방식으로 각기 나의 현존재인가 하는 것을 이미 언제나 어떻게든 결정했다. 그의 존재함에서 바로 이 존재함 자체가 문제가 되고 있는 그 존재자는 그의 존재에 대해서 그의 가장 고유한 가능성으로 관계한다. 현존재는 각기 그의 가능성으로 존재하며 현존재는 그 가능성을 일종의 눈앞의 것으로 그저 속성으로 '가지고' 있는 것이 아니다. 그리고 현존재가 본질적으로 각기 그의 가능성으로 존재하기에, 이 존재자는 자기 자신을 상실할 수도 있으니, 다시 말해서 결코 획득하지 못하고 그저 '겉보기에만' 획득할 수도 있다. 현존재가 자기 자신을 상실했을 수도 있거나 아직 획득하지 못했을 수도 있음은 오직 그가 그의 본질상 가능한 본래적인 존재인 한, 다시 말해서 자기 자신을 자기 것으로 하는 한에서 가능하다. 본래성과 비본래성이라는 …… 두 존재양태는 현존재가 …… 각자성으로 규정되어 있다는 데에 근거하고 있다."(Heidegger, 1997)

요약하자면 인간 존재자는 사물 존재자처럼 그 쓰임이 고정되어 불변하는 존재자가 아니라, 각자의 유일하고 고유한 자기만의 가능성을 본질로 가지면서 순간순간 자신의 가능성을 발휘하여 자기 자신을 선택하고 결정하는 존재자라는 것이다. 그러한 결단을 통해 인간은 자기 책임성을 확실하게 인식하는 진정한 자기 자신을, 즉 본래성을 획득할 수도 있는 반면, 평균성과 일상성에 빠져 있는 그들(das Man) 속으로 진정한 자기 자신을 잃어버리는, 즉 비본래적 상태일 수도 있다는 것이다.

이러한 가능성 자체가 바로 실존(Existenz)의 의미이다. "현존재는 실존한다. 그 외에도 현존재는 각기 내 자신이 바로 그것인 그런 존재이다. 실존하는 현존재에게는 각자성이 본래성과 비본래성의 가능조건으로서 속하고 있다. 현존재는 각기 그때마다 이 두 양태 가운데 한 양태 안에서, 또는 그 둘의 양태적 무차별 속에서 실존한다"(Heidegger, 1997). Heidegger는 가장 고유한 존재가능으로 자기 자신을 기획투사함이란 자기 자신을 이해할 수 있음, 즉 실존함이라고 말한다.

2) 후기 Heidegger의 탈-존

Heidegger는 『존재와 시간』에서 인간의 본질로 규정했던 용어인 '실존(Existenz)'을 후기에 '탈-존(Ek-sistenz)'으로 바꿔서 사용하고 있다. 그는 "존재의 '밝음(Lichtung)' 안에 서 있음을 나는 인간의 탈-

존(Ek-sistenz)이라 명명한다. 이러한 있음의 양식은 인간에게만 고유하다"(Heidegger, 2005b)라고 말한다. Heidegger(2005a)는 '실존의 탈자적인 본질'을 "밖에 나가서 있음", 또 '탈존적으로'의 의미를 "벗어난 상태로 존재하는" 등으로 표현하면서 탈-존에 대해 다음과 같이 말한다.

"현-존재 안에는 인간이 탈-존(ek-sistieren)할 수 있는 본질근거, 그러나 오랫동안 정처된 바 없던 본질근거가, 인간을 위해 보존되어 있다. …… 자유로서의 진리에 뿌리박은 탈-존은 존재자 그 자체의 탈은폐성에로 자신을 내어-놓음이다. …… 역사적 인간의 탈-존은 최초의 사유자가 '존재란 무엇인가'라는 물음을 제기함으로써 존재자의 비은폐성을 물으며 거기에 자신을 세우는 저 순간 시작되었다. …… 만약 존재자를 존재하게 함으로서의 탈-존적 현-존재가 인간을 그의 자유로 해방한다면, 이러한 자유는 인간에게 여하튼 비로소 선택의 가능성(존재자)을 제시하고 필연적인 것(존재자)을 인간에게 부과하므로, 인간은 자신의 임의대로 자유를 처리하지 못하게 된다. 인간이 자유를 속성으로서 소유하는 것이 아니다. 오히려 기껏해야 그것의 역(逆)이 타당하다. 즉, 자유가, 다시 말해 탈-존적이며 탈은폐하는 현-존재가 인간을 소유한다."(Heidegger, 2005b)

또한 후기 Heidegger는 현존재의 실존보다 존재 그 자체의 중요성을 부각하면서 탈-존에 대해 다음과 같이 말한다.

"인간의 본질은 인간의 탈-존(Ek-sistenz)에 기인한다. 그러나 이런 식으로 사유된 탈-존은 현존(existentia)이라는 전승된 개념과 동일하지 않다. 현존은 현실성(Wirklichkeit)을 의미하며, 가능성으로서의 본질(essentia)과 구별된다. 『존재와 시간』에서는 다음과 같은 명제가 강조된다. '현존재(Dasein)의 본질은 자신의 실존(Existenz)에 있다.' 그러나 여기에서는 현존과 본질(existentia und essentia)의 대립이 문제되지 않는다. 왜냐하면 여기에서는 이 두 형이상학적 존재 규정들의 관계는 물론이거니와, 이 두 형이상학적 존재 규정들 자체조차 물어지지 않기 때문이다. …… 이 명제가 의미하는 바는 이렇다. '인간은 현(Da)으로, 다시 말해 존재의 밝음(die Lichtung des Seins)으로 있는 그런 방식으로 현성한다.' 이러한 현의 존재가, 아니 단지 이것만이, 탈-존이라는, 다시 말해 '존재의 진리 안에 탈자적으로 서 있음'이라는 근본특징을 갖는다. 인간의 탈자적 본질은, 형이상학적으로 사유된 현존과 구별되는 것으로서의 탈-존에 기인한다. …… 인간의 인간다움을 탈-존으로 규정할 때 중요한 점은, 본질적인 것은 인간이 아니라 오히려 탈-존의 탈자적인 것의 차원으로서의 존재라는 사실이다. …… 탈-존이란, 모든 현존(existentia) 및 실존(existence)(즉, Sartre가 말하는 실존)과 근본적으로 구별되는 것으로서, 존재와의 가까움 안에 탈-자적으로 거주함을 의미한다. 탈-존은 존재에 대한 파수꾼의 역할을 떠맡는 것이며, 다시 말해 존재를 위한 심려[Sorge, 이기상은 이 단어를 '염려'로 번역함]이다. …… 인간은 '탈-존하는 자'인 한에서 있는 것이며 또한 인간인 것이다. 인간은 존재의 열려 있음 안으로 나아가 서 있으며, 존재의 열려 있음으로서의 존재 자체는 '던짐'으로서, 인간의 본질을 심려 안으로 기투하였다. 이와 같은 방식으로 피투된 채, 인간은 존재의 열려 있음 안에 서 있다. 세

계는 존재의 밝음이며, 인간은 피투된 자신의 본질에 입각하여 그 안으로 나아가

서 있는 것이다."(Heidegger, 2005b)

3) 실존과 탈존

Heidegger(2005b)의 『이정표(Wegmarken)』에서 역자 이선일은
탈존을 "인간이 이미 존재의 밝음 안에 들어서 있음", 즉 "존재의
밝음 안에로의 탈존"이라고 표현한다. 그는 탈존(Eksistenz)은 실
존(Existenz)과 긴밀하게 관련되며, 또한 실존은 어원적으로 현존
(existentia)으로 소급된다고 말한다. 그러나 탈존과 현존은 본질적
으로 구별되는데, 현존이 가능성으로서의 본질(essentia)과 대립하
는 개념으로 그런 가능적 본질의 현실화를 의미한다면, 탈존은 가
능적 본질이나 또는 현실성과는 내용상으로이든 형식상으로이든
전혀 무관하다고 말한다. 탈존은 존재의 밝음 안에 서 있는 인간만
의 독특한 존재방식을 가리킬 뿐이라는 것이다.

즉, 인간의 본질은 존재의 밝음에로의 탈존이고, 탈존은 인간이
이미 존재에 의하여 존재의 진리 안에 던져져 있음을 의미하며, 존
재의 진리는 은닉된 채 인간에게 도래한다는 것이다. 따라서 이선일
은 인간은 존재의 진리를 심려하는 가운데 새롭게 밝아 오는 존재의
역사적 운명에 순응함으로써 존재의 진리를 수호해야 한다고 말한
다. 이렇게 인간은 존재의 목자가 되는데, 존재의 목자란 존재의 진

리를 수호함으로써 비로소 존재자를 그것의 고유한 의미 안에서 존재하게 하는 막중한 자신의 책무를 다하는 본래적 인간의 모습이라는 것이다.

간단히 말해 탈존과 실존이라는 두 개념 모두 인간의 존재양식을 표현하는 것인데, 인간 현존재의 구조를 밝히는 전기 Heidegger에서는 현존재가 마치 능동적으로 존재를 열어 밝히는 것과 같이 표현되는 반면, 후기 Heidegger에서 인간 현존재는 이미 존재에 의하여 존재의 진리 안에 던져져 있는 것으로, 즉 인간은 수동적으로 존재의 진리를 수호해야 하는 것으로 표현된다. 한마디로 현존재 중심의 묘사인 전기의 '실존'에서 존재 중심의 묘사인 후기의 '탈존'으로의 전회라고 볼 수 있다. 그러나 이 두 개념은 근본적으로 서로 다른 개념이 아니다. 우리가 우리 자신의 존재에 대해 숙고할 때 현존재 중심 관점으로 생각할 때와 존재 중심 관점으로 생각할 때의 차이일 뿐 근본적으로 현존재, 즉 '세계-내-존재'의 연관성을 고려한다면 두 개념은 동일한 것의 서로 다른 측면이라고 생각할 수도 있을 것이다.

Heidegger(1997)가 『존재와 시간』에서 "현존재는 오직 실존할 뿐이다. 따라서 실존(Existenz)은 '거기에'의 열려 있음 안으로 나가서-그리고 들어 서-있음, 즉 탈-존(Ek-sistenz)을 말한다"라는 각주를 단 것을 통해서도 '실존'과 '탈존'이 서로 다른 개념이 아니라는 사실이 분명히 드러난다.

3. 주체적 실존치료에서의 실존

우리는 지금까지 실존 개념에 대해 자세히 살펴보았다. 주체적 실존치료는 '주체'와 '주체성'을 구분하고 있다. 주체와 주체성은 인연생기하는 불확실성을 공유하지만, 일단 우리가 어떤 가치를 준거로 하여 의식적·반성적·의지적 측면인 주체성을 발휘하면 특정 관점을 취하면서 무엇인가를 향해 명시적인 지향을 갖게 된다. 그것의 양상은 지각일 수도 있고, 감정일 수도 있으며, 생각일 수도 있고, 행동일 수도 있다. 그것이 무엇이든 우리는 능동적인 양태를 갖게 되는데, 이는 수동과 능동을 모두 포괄하는 주체와는 다른 것이다.

Heidegger에게 실존과 탈존이 다른 것이 아니지만 실존은 현존재를 중심으로 한 능동적 존재양태로 볼 수 있는 것처럼, 주체적 실존치료에서 실존은 그 존재를 규정지을 수 없는 주체의 한 측면인 주체성이 드러나는 것이다. 그리고 이 주체성의 드러남은 개별적인 각자의 관점(해석)이 드러남을 의미하며, 그런 측면에서 무한한 가능성 속에서의 각자의 능동적이고 자발적인 선택과 결정의 측면으로 이해할 수 있다.

주체적 실존치료의 정의에서 '주체'는 무엇이라고 명확하게 규정하여 한계를 지을 수 없는 모든 것과 연관되어 인연생기하는 인간 존재자이다. 그리고 '실존'은 앞에서 살펴본 정의들과 맥을 같이하는 것으로, 간략하게 표현하면 '구체적·실제적·현실적·가능적 현존'이다. 이처럼 무엇이라고 한계를 지어 지칭할 수 없는 내(주체)가 의식적, 반성적, 의지적으로 명확한 한계를 스스로 지으면서(주체성), 현존하는 나로서 구체적이고 실제적이고 현실적이며 가능적으로 존재하는 것이 바로 실존 과정이다.

이 과정은 치료 장면에서 치료자와 내담자가 만나서 같이 알아보고 함께 궁리하는 현상으로 드러날 것이며, 이 자체가 주체적 실존치료의 과정 그 자체이다. 이때 이 과정에 참여하는 나는 명확한 나(주체성)인 동시에 명확하지 않은 나(주체)이다. 이 둘은 나눌 수 없는 것을 말로써 나누어 놓은 것에 불과하다. 나라고 할 만한 나가 없다는 것을 알면서도 이것을 아는 내가 있다는 것을 부정할 수 없는 것이 현묘(玄妙)한 이치(理致)이다. 그리고 바로 이 현묘한 이치를 이해하고 수용하는 것이 주체적 실존치료를 이해하고 수행하는 데 있어서 결정적으로 중요하다.

치료 장면에서 치료자와 내담자의 만남과 그 만남으로 인해 생기하는 모든 현상은 주체의 현현(顯現)이므로 '주체적 참여'라고 할 수 있다. 그러나 주체적 참여는 의식적, 반성적, 의지적이기도 하고, 무의식적, 선(전)반성적, 비(무)의지적이기도 하다. 따라서 치료자와 내담자가 치료 장면에서 만나 같이 알아보고 함께 궁리한다는 사실을 알아차리고 인식하는 것은 주체의 역할이 아니라 주체의 의식적·반성적·의지적 측면인 주체성의 역할이다. 그리고 그 과정을 바로 주체의 '실존 과정'이라고 하며, 이 과정에 주체는 주체 그 자체로서 시종일관 참여하고 있고, 그 참여의 드러난 양태가 치료자와 내담자가 같이 알아보는 행위 혹은 함께 궁리하는 행위이다.

요약하자면, 주체적 실존치료에서의 실존은 '구체적 · 실제적 · 현실적 · 가능적 현존'이고, 주체적 실존치료의 정의는 '주체의 실존 과정에의 주체적 참여(만남, 같이 알아보기, 함께 궁리하기)'이다. 독자들은 여기서도 이러한 실존의 정의와 주체적 실존치료의 정의가 단지 김은희라는 사람의 정의일 뿐이라는 사실을 상기할 필요가 있다. 김은희의 주체적 실존치료는 이러한 관점을 취하는 치료이고, 그것에 동의하느냐 하지 않느냐는 각자의 인연에 따른 관점에 달린 각자의 문제이다. 내가 이 점을 이토록 반복해서 강조하는 이유는 '인연생기'와 '불확실성' 그리고 '관점주의'라는 주체적 실존치료의 전제를 이해하는 것보다 더 중요한 것은 없으며, 이것이 주체적 실존치료의 근본 토대이기 때문이다.

제7장 주체적 실존치료의 과정

　주체적 실존치료의 정의에 입각해서 볼 때, 주체적 실존치료에서 치료자와 내담자가 함께하는 작업이 무엇인지는 명확하다. 두 사람은 각자의 주체성을 개현(開顯, 열어서 드러냄), 발현(發現, 구체적으로 나타나게 함), 부각(浮刻, 특징적으로 두드러지게 함)하는 활동을 하게 된다. 주체성을 개현하고 발현하며 부각한다는 것은 한마디로 '지금 무슨 일이 일어나고 있는가'를 의식적이고 반성적으로 또 의지적으로 자각하고 인식한다는 것이다. 물론 지금 무슨 일이 일어나고 있는가에는 그 일의 중심에 '나'와 '나의 지평(맥락)'이 있다. 그리고 주체적 실존치료의 전제와 정의를 고려한다면 그 현상의 중요한 원인인 나의 기여에 대해 면밀하고 자세하게 살펴보는 것이 포함될 수밖에 없다.

　이를 치료자와 내담자가 함께하는 치료 장면으로 옮겨 생각하면 치료자의 주체적 지평(맥락)과 내담자의 주체적 지평(맥락)은 이미 '지평융합'(Gadamer, 2012)을 통해 연결되어 있으므로 결국 내담자의 문제를 자세하고 면밀하게 살펴보는 그 행위 자체(내담자 주체성의 개현, 발현, 부각)는 이미 치료자 주체성의 개현, 발현, 부각을 포함한다. 따라서 서로가 함께 실존하는 과정에서 서로의 기여가 동시적으로 드러나 밝혀지게 된다. 이는 흔히 치료자들이 말하는 중립성이

라는 개념이나 나(주체)-너(객체)의 이분법이 이미 설 자리가 없음을
의미한다. 물론 치료자의 기여와 내담자의 기여가 각각 이야기될 수
는 있겠으나, 근본적으로는 둘의 만남 그 자체가 이미 공통의 지평
을 공유한다는 사실이 더욱 근원적이기 때문이다.

　이해를 돕기 위해 Gadamer(2012)의 『진리와 방법(Wahrheit und
Methode)』에 수록된 몇 가지 내용을 언급하고자 한다. Gadamer
는 총체적 의미연관을 드러낼 수 있는 터전, 즉 인간이 세계와 자
기 자신을 항상 새롭게 이해할 수 있는 전제조건인 Husserl의 '지
평(Horizont)' 개념을 수용한다. 우리가 어떤 것을 어떤 것으로 지
각하고 그 의미를 형성하는 것은 그 어떤 것을 둘러싸고 있는 다
양한 맥락과의 연관성, 즉 이해의 전제조건 하에서 가능한 일이
다. Gadamer는 전통을 중요시하면서 역사의 지평과 현재의 지평
이 상호작용하는 과정을 통해 이해가 확장되는 과정을 '지평융합
(Horizontverschmelzung, Fusion of horizons)'이라고 하고, "서로를 부
각시켜 주는 상이한 지평들이 존재함으로써 '지평융합'이라는 말이
성립"된다고 말한다. 또한 Gadamer는 '이해'란 "서로 무관하게 존재
하는 것처럼 보이는 상이한 지평들의 상호 융합 과정"이라고 말하
고, Heidegger의 '선이해(Vorverständnis)' 개념을 수용하면서 '선입견
(Vorurteil)'을 이해의 본질적 구성요건으로 간주한다.

　Gadamer에게 선입견은 통상 우리가 부정적으로 생각하는 의미의
선입견이 아니다. 선입견은 결코 없앨 수도 없지만 없애서도 안 되

는 것이다. 인간인 우리가 무엇을 인식하고 알기 위해서는 인식 주
체인 우리가 처한 전통의 영향사적 맥락을 이해해야 하는데, 바로
이러한 이해의 바탕이 되는 것이 선입견과 선이해이기 때문이다. 우
리가 대한민국이라는 나라에서 태어나 한글을 사용하여 소통하는
것 자체가 이미 선입견과 선이해 속에 있는 것이다. 우리가 치료자
로서 내담자를 만나 치료를 하는 것도 이미 치료라는 것을 둘러싼
맥락적 선입견 혹은 선이해를 갖고 있지 않다면 불가능할 것이다.
이처럼 우리가 이해한다고 아는 모든 것은 우리가 이미 앞서서 이해
하고 있는 것들의 맥락, 즉 선입견과 선이해의 맥락 안에서 이해될
수밖에 없다. 어느 날 갑자기 전혀 맥락 없이 직면하게 되는 것들을
우리는 이해하지 못한다. 따라서 이해라는 것은 항상 선입견과 선이
해를 전제한다는 것이 Gadamer나 Heidegger의 말이다.

　주체적 실존치료에서도 치료자와 내담자가 만난다고 할 때, 우리
가 인식론적으로 이해하는 만남이 우리가 존재론적으로 이미 앞서
이해하는 만남을 전제한다고 본다. 그러나 이러한 이미 앞서 이해
함, 즉 선입견과 선이해는 우리가 의식적, 반성적, 의지적으로 인식
하는 것이 아니다. 우리는 항상 선입견과 선이해를 갖고 있지만 그
것을 인식하지는 않으며, 바로 그렇기 때문에 '선(先)'입견 혹은 '선
(先)'이해라고 부르는 것이다. 우리가 이러한 존재론적 선입견과 선
이해를 '선입견'과 '선이해'라고 명명하는 순간, 그것은 이제 더 이상
인식되지 않는 선입견이나 선이해가 아니고 의식적이고 반성적이며

의지적인 인식론적 이해가 된다. 여기서 분명히 해야 할 것은 인식되지 않는 선입견과 선이해이든, 인식되는 선입견과 선이해이든 그것은 인식론적으로 드러나느냐 드러나지 않느냐의 차이일 뿐이라는 점이다. 선입견과 선이해가 인식되는 순간 그것은 이미 인식되어 알게 된 선입견과 선이해이지만(이 경우 더 이상 선입견과 선이해라는 명칭을 붙이지는 않겠지만), 그것 역시도 인식되지 않으므로 알 수 없는 또 다른 선입견 및 선이해와 항상 맞물려 있다는 것이 핵심이다. 이렇게 우리의 이해와 선이해(선입견)는 따로 떨어져 나누어지지 않으면서 늘 상호 역동적으로 함께 작용하는 것이고, 이러한 역동적 순환 과정이 바로 이해의 과정이다.

이는 주체적 실존치료의 과정에 그대로 녹아 있다. 주체적 실존치료의 과정은 주체성의 개현, 발현, 부각이고, 주체성은 주체의 의식적·반성적·의지적 자기 결단의 측면이다. 치료 장면에서 주체성을 개현하고 발현하고 부각한다는 것은 결국 주체의 의식적이고 반성적이며 의지적인 자기 결단의 측면을 개현, 발현, 부각한다는 것이다. 그러나 주체성은 주체의 한 측면이고 주체와 따로 떨어뜨려서 생각할 수 없으므로 이는 곧 인식할 수도 알 수도 없는 주체가 인식할 수 있고 알 수 있는 주체성으로 드러나는 것을 의미한다. 주체성을 개현하고 발현하며 부각하는 것은 한 인간의 구체적이고 실제적이며 현실적이고 가능적인 현존, 즉 실존 과정으로 볼 수 있다. 이때 주체는 이미 자신의 실존 과정에 참여하고 있는 것이지만, 우리는 주체가 무엇인지 알 수 없고 단지 인식할 수 있는 주체성의 드러남만을 체험할 뿐이다. 주체적 실존치료에서 주체의 의식적·반성적·의지적 자기 결단의 측면인 주체성을 개현하고 발현하고 부각하는 것이, 실제로 존재하고 있는 주체의 실존 과정에 참여하는 것이면서 동시에 무엇인지 알 수 없는 주체가 주체성의 측면을 통해 그 실존 과정에 동참하고 있다고도 볼 수 있는 것이 바로 이런 이유 때문이다.

우리가 각자의 주체성을 개현하면서 자신의 실존을 구성하는 그 자체가 이미 우리 주체의 융합된 지평을 전제하고 있고, 순간순간 구성되는 실존의 과정 자체가 다시 또 지평융합된 주체의 세계와 공명하고 있는 것이다. 이렇게 본다면 내가 무엇을 한다는 것이 과연 내가 하는 것인지, 내가 무엇을 하지 않는다는 것이 과연 내가 무엇을 하지 않는 것인지 그 경계가 모호하고 애매할 수 있다. 이처럼 우리는 분명 각자 자신의 고유세계 안에서 나라는 확실한 의식을 가지고 자기 결단을 통해 책임성 있는 자기 실존을 구현해 가지만, 그 실존의 깊은 차원은 분리될 수 없는 연관성으로 촘촘하게 짜여 있다는 것을 알 수 있다.

Heidegger(1997)는 이해를 실존하는 세계-내-존재, 즉 현존재가 그 차제로서 열어 밝혀져 있음이라고 말하면서 실존범주로서의 이해에서 할 수 있는 것은 어떤 무엇이 아니라 실존함으로서의 존재함이라고 말한다. 이해에는 실존론적으로 존재할 수 있음이라는 현존재의 존재양식이 놓여 있다는 것이다. 이는 현존재의 실존 그 자체가 이미 이해라는 것이고, 이러한 이해는 현존재가 존재하는 양식 그 자체이므로 이해로부터 벗어나는 현존재의 실존은 있을 수 없다는 것이다. 전이해(선입견)이든, 분명하고 또렷한 이해이든 그것은 모두 이해이고 우리 인간의 존재 자체는 이해와 한 몸이라는 의미이다. 이는 한 개인이 자기의 머리로 무엇인가를 이해한다고 할 때의 협소한 인식론적 이해의 범위를 훨씬 벗어나는 이해의 정의이다.

나는 Heidegger가 말하는 이해가 우리가 존재적(ontic)으로 이미 있으면서 나의 머리로 무엇을 이해하고 이해하지 못하는 차원의 문제가 아니라고 본다. 우리는 이미 존재론적(ontological)으로 이해하지 않을 수 없는 존재자이고, 이러한 이해는 선이해를 조건으로 해서 일어나는 현상인 것이다. 우리가 무엇인가를 이해한다고 말할 때, 이미 그 이해에는 우리가 인지적으로 하는 이해 이상의 이해의 세계가 함께 담겨 있는 것이다. Gadamer는 다음과 같이 말한다.

"나 자신이 선입견을 갖고 있다는 사실 자체를 자각하고 있어야만 한다. …… 우리는 우리 자신을 되돌아보면서 스스로를 이해하기 훨씬 이전부터 이미 삶의 터전인 가족과 사회와 국가를 통해 우리 자신을 이해하고 있다. 주관성이라는 렌즈는 대상을 왜곡시켜서 보여 주는 거울이다. 개인의 자기의식이라는 것은 역사적 삶이라는 거대한 전기장 안에서 명멸하는 작은 불꽃에 지나지 않는다. 그렇기 때문에 개개인이 갖는 선입견은 개개인의 올바른 판단보다 훨씬 더 강력하게 개개

인 존재의 역사적 사실성을 규정한다."(Gadamer, 2012)

앞의 인용문에서 볼 수 있듯이, Gadamer는 역사와 전통에 다소 치우친 신뢰와 중요도를 부과하는 것처럼 보인다. 나는 이 점에는 동의하지 않는다. 하지만 그가 선입견과 선이해의 중요성을 부각하면서 Husserl 현상학의 '무전제성의 원리'에 도전하는 것에는 동의한다. 무전제란 있을 수 없고 선입견이라는 것은 없을 수 없기 때문에 Gadamer가 선입견이 있다는 사실 자체를 자각해야 한다고 말한 것처럼, 나도 우리가 이미 선입견을 갖고 있다는 것을 명확하게 인식하는 것이 중요하다고 생각한다. 나는 더 나아가 그 선입견이 자각되는 것뿐만 아니라 의사소통을 통해 개방되어 공유되어야 한다고 생각한다. 선입견의 개방과 나누기가 내가 볼 때는 진정한 선입견의 자각이다. 물론 이것은 두 사람이 항상 함께하는 치료 장면에 한해서 그렇다는 말이다.

Gadamer의 지평융합이나 이해, 선입견 등은 주체적 실존치료에서 말하는 것들과 밀접한 관련성이 있다. 주체적 실존치료에서 치료를 '만남(참여)'이라고 정의할 때, 이는 주체성 측면에서의 만남만을 의미하는 것이 아니다. 물론 언어를 통해 상호작용할 수밖에 없는 치료 장면에서 만남(참여)은 일차적으로 의식적, 반성적, 의지적인 주체성 측면의 일일 수밖에 없다. 그러나 만남(참여)은 그것이 무엇인지 알 수 없는 주체 측면에서의 만남을 이미 전제하고 있다. 특정한 나와 너가 만나서 언어적 상호작용을 한다는 자체는 이미 나의 지평과 너의 지평이 의식적, 반성적, 의지적으로 융합되고 있는 것이다.

동시에 이것은 주체성을 포함하여 가변적 가능성의 장에 항상 열려 있는 실존하는 총체적 인간 존재자인 주체라는 서로의 세계, 즉 지평이 이미 융합되고 있는 것을 전제한다. 이는 우리가 각자 독립적이고 고정된 실체의 나와 너인 것처럼 대화를 하지만, 이미 나와 너를 품어 안고 있는 주체라는 지평의 융합이 이루어지고 있다는 것이다. 그런데 이 각각의 지평은 이미 이해의 본질적 구성요건인 선입견으로 이루어진 것이다. 다만, 우리는 서로 언어적 교환을 통해 지평과 선입견을 조명하여 밝히고 해체하면서 끊임없는 지평과 선입견의 변화와 확장을 경험할 뿐이다. 그러한 가변성 내에서 순간순간 우리는 단지 어떤 관점을 취하는 것일 뿐이다. 물론 나는 이 모든 것이 '연기' 개념으로 수렴 가능하다고 생각한다.

이런 시각은 치료 장면에 획기적인 변화를 일으킬 수 있다. 흔히 치료 장면에서 치료자는 내담자를 하나의 대상으로 보는 자연과학적 의학모델에 치중하는 경향이 있다. 그렇기 때문에 '내담자'와 내담자의 '문제'를 치료자 자신의 고정된 이론적 틀로 개념화하거나, 내담자의 심리를 고정된 것인 양 검사를 통해 분석하여 파악하려는 경향이 있다. 치료자는 자신을 '고정된 실체의 치료자'로 인식하고, 내담자를 '고정된 실체의 내담자'로 인식함으로써 결국 사람과 사람의 진솔하고 전체적인 만남은 사라지고 마치 물리적 대상인 양 분석하고 평가하며 서로를 취급하는 일들이 벌어지게 된다. 이는 내담자의 입장에서도 다를 바가 없다.

만약 독자 중 누군가가 앞에 언급된 서술에 동의한다면, 이러한 일이 얼마나 터무니없는 것일 수도 있는지 이해가 될 것이다. 예를 들어, 치료자가 내담자의 입장이 된 양 일방적으로 내담자를 공감하고 이해해서 도우려는 태도도 내담자를 단순히 도움이 필요한 객체로 취급하는 것에 불과할 수 있다. 마찬가지로 치료자로부터 공감과 지지를 받으려고만 하는 내담자도 치료자를 단순히 도움을 주는 객체로만 취급하는 것일 수 있다. 이 결과, 치료자는 자신을 전문가라는 개념 속의 특별한 존재로 착각하게 되고, 내담자는 치료자의 실체 없는 권위에 의존해서 주체성을 개현하는 자기 자신을 망각하고 특별히 힘들어하는 그저 한 명의 내담자로 전락할 수 있다. 자기 문제의 주인이 되어 책임성을 갖고 스스로 자기 문제에 천착(穿鑿)하여 참구(參究)하기보다는 공인된 진단명과 문제(병)를 가진 내담자(환자)라는 공허한 개념 속으로 자신의 본래성(authenticity)을 은폐하면서 Heidegger가 말했던 평균성과 일상성의 비본래성(inauthenticity)에 자발적으로 매몰되고자 하는 것이다.

만약 특별한 도움을 제공해야만 하는 치료자와 특별한 도움을 받아야만 하는 내담자의 구도 또는 공감을 제공해야만 하는 치료자와 공감을 받아야만 하는 내담자라는 구도가 치료자와 내담자 간에 합의된 것이 아니고, 치료자 혼자만의 전략이거나 내담자 혼자만의 바람이라면 이는 주체적 실존치료일 수는 없다. '주체'의 측면에서는 이해, 선입견(선이해), 지평융합 등이 당연히 전제되지만, '주체성' 측면에서는 면밀한 나누기와 명확한 확인하기, 그리고 명시적인 합의를 실행하는 것이 주체적 실존치료이기 때문이다.

치료에 대한 이와 같은 내담자의 수동적이고 의존적인 경향성은 우선 그 내담자의 의식적·반성적·의지적 자기 결단의 측면인 주체성의 개현, 발현, 부각의 결과라고만 보기는 어렵다. Heidegger가 우리는 보통 대개 비본래적 상태로 일상성에 빠져 있음으로 자신의 본래성, 즉 실존성이 은폐되어 있다고 하는 것처럼, 내담자는 그 시대와 상황의 전제와 선입견, 가치관, 지식 등의 자연적 태도(natural attitude)에 머물러 있을 가능성이 크다. 따라서 주체적 실존치료 과정에서 주체성을 개현, 발현, 부각한다는 것은 우선 내담자가 이러한 자연적 태도 속에 빠져 있음을 자각할 수 있게 하는 것으로부터 시작된다. 치료자 자신의 자연적 태도를 자각해야 하는 것은 물론이다. 이 모든 것은 솔직하고 진솔한 '나누기'와 '확인하기'를 통해 구현된다.

나는 Husserl, Heidegger, Gadamer를 비롯한 일부 현상학자, 실존철학자, 해석학자의 주장을 나름대로 공부하면서 내가 주체적 실존치료의 전제로 삼는 세 가지, 즉 연기, 불확실성, 관점주의에 대해 더욱 확신하게 되었다. 그리고 이들의 주장이 연기와 불확실성, 관점주의와 상당 부분 연결된다는 것을 알게 되었다(물론 철학과 불교학을 전공하지 않은 사람의 한계가 대단히 클 것이라는 점을 부인하지는 않는다).

　모든 것이 인연에 따라 화합하여 일어나는 것이기에 실체가 없고 늘 불확실성에 열려 있으므로 우리가 할 수 있는 것이라고는 우리의 관점 자체에 집중하는 것뿐이라는 것이 나에게는 명백해 보인다. 그러므로 치료라는 작업 역시 우리가 알 수 없는 미지의 주체와 우리가 명백하게 알고 있는 주체성의 끊임없는 교류, 즉 '나누기'를 통해서 우리의 의식적이고 반성적이며 의지적인 자기 결단의 측면인 주체성을 발휘하는 것, 달리 말해 특정 관점을 명확하게 갖는 것 외에 다른 것이 아니라고 생각한다. 이러한 각자의 명확한 관점을 개방하여 나누고 확인하는 것이 바로 주체적 실존치료의 핵심 작업이다. 그리고 이 모든 과정의 전제가 인연생기라면 우리의 '나누기'와 '확인하기'가 얼마나 자연스럽고 편안할지는 상상하기 어렵지 않다.

　주체적 실존치료의 과정은 그 내용이나 방법이 무엇이든지 간에 끊임없이 반복적으로 주체성을 개현, 발현, 부각하는 것이다. 즉, 주체적 실존치료의 과정은 '주체'와 '주체성' 개념을 중심으로 한 이해를 바탕으로 자연적 태도(기존의 선입견 및 전제 등에 기초한 태도)를 현상학적 태도(자연적 태도를 판단중지하고 드러난 사태를 있는 그대로 엄밀하게 직관하는 태도)로 변경하여 해체적 해석 과정을 거쳐 설명하면서 다시 이해로 돌아가는 과정, 즉 이해와 설명의 반복 과정이다. 이때 해석이라는 것이 보통 심리학에서 정의하는 해석이 아니라 "어떤 것을 어떤 것에서부터 풀어내거나 어떤 것을 어떤 것으로서 새기는 것 …… 해석에는 어떤 것이 어떤 것에로 이해되어 있음이 전제되어 있다"(이기상, 구연상, 1998)라는 말과 Heidegger(1997)가 "어떤 것을 어떤 것으로서 해석함은 본질적으로 앞서 가짐, 앞서 봄, 앞서 잡음에 의해서 기초를 부여받고 있다"라고 한 말을 기억하는 것이 필요하다.

정리하면 '지금 무슨 일이 일어나고 있는가?'를 면밀하게 펼치고, '이 일에 대한 나의 기여는 무엇이고, 이 일과 관련하여 나는 어떻게 실존하고 있는가, 그리고 어떻게 실존할 것인가?' 등을 같이 알아보고 함께 궁리하는 것이 주체적 실존치료의 과정이다. 여기서 중요한 것은 내담자의 주체성만을 개현, 발현, 부각시키는 것을 주요 과정으로 생각한다면 그것은 진정한 주체적 실존치료일 수 없다는 점이다. 이는 이미 주-객 이분법과 자연과학적 의학모델의 입장을 취하는 것이므로 주체적 실존치료의 전제 자체를 근본적으로 훼손하는 것이기 때문이다. 모든 것이 인연생기임을 잊지 않는 것이 중요하고, 그 모든 것에는 치료자 당사자도 당연히 포함된다는 분명한 사실을 간과하지 않는 것이 중요하다. 주체적 실존치료의 과정은 주체적 실존치료의 전제에 대한 진정한 이해와 수용 위에서 실행되어야 하며, 전제에 대한 분명한 자기 결단이 선행되어야 한다.

주체적 실존치료 과정에서는 치료의 처음부터 끝까지 치료자와 내담자 간의 명확한 '합의'가 반복적으로 이루어지는 것이 중요하다. 예를 들면, 합의된 바 없이 무조건 '도움을 받아야 하는' 내담자 혹은 무조건 '도움을 주어야 하는' 치료자는 존재하지 않는다. 도움이 필요하다고 자기 결단을 통해 치료를 결정하고 요청한 내담자와 내담자가 요청한 도움을 줄 수 있고 주고 싶다고 자기 결단을 한 치료자가 있을 뿐이다. 이때 치료자와 내담자 간 도움과 관련된 활동을 함께하기로 서로 책임성 있게 결단하는 '합의'가 치료 시작과 진행, 그리고 끝 전반의 필수적인 조건이다. 여기서 나는 독자들이 한번 상상해 보기를 바란다. 불교에서 말하는 '연기' 개념을 철저히 믿는 두 사람이 한 사람은 치료자로 또 한 사람은 내담자로 만난다면 과연 그들이 함께하는 치료는 어떤 모습일지를!

제8장 주체적 실존치료의 목표

주체적 실존치료의 목표는 '자기 결단과 책임의 성취'이다. 주체적 실존치료가 이론적으로 주장하는 궁극적인 '내용적' 최종 목표는 본래 존재하지 않으므로 치료자와 내담자 간의 합의된 목표만이 존재할 수 있다. 그러나 주체적 실존치료는 목표의 내용에 관심을 두기보다는 내담자의 자기 결단과 책임의 성취 그 자체에 관심이 있다. 따라서 목표의 내용은 어떤 것이든지 될 수 있지만, 그 목표의 결정 주체는 반드시 내담자인 당사자 그리고 내담자와 치료자 간의 합의여야 하고, 그 합의에는 자기 결단의 요소와 그 결단에 대한 자기 책임성이 수반되어야 한다.

주체적 실존치료의 과정이 주체성의 발현, 개현, 부각이고, 목표역시 이를 통한 자기 결단과 책임의 성취이므로 주체적 실존치료를할 수 있는 내담자 혹은 할 수 없는 내담자란 애초에 존재하지 않는다. 모든 내담자는 모든 순간 자신의 주체성을 드러내고 있는 것이므로 치료의 시작과 과정, 끝이 어떠하든 치료자와 내담자가 각자 자신의 주체성을 드러내어 합의 하에 참여하고 있는 한 원론적으로는 모두 다 주체적 실존치료라고 할 수 있다.

만약 치료자가 내담자와의 소통과 확인 없이 '이것이 주체적 실존치료이다'라는 신념을 가지고 이 치료에 적합한 내담자 혹은 아닌 내담자를 혼자서 분별하여 판단한다면, 이는 주체적 실존치료를 하는 것이 아니다. 왜냐하면 치료자가 자신의 신념에만 집착하고 있으므로 진술한 인간 대 인간의 '만남'이 이루어지기 어렵기 때문이다. 더욱 중요한 이유는 서로 개방하여 나누고 확인하며 합의하는 과정이 빠진다면, 이는 주체적 실존치료라고 할 수 없기 때문이다. 따라서 치료자는 자신의 생각과 느낌을 최대한 개방하려고 노력하면서 솔직하고 진술한 만남을 위한 조율의 노력을 내담자와 직접 해야 한다.

목표 설정에 있어서도 주체적 실존치료가 추구하는 특정한 내용이 존재하지 않는다는 것을 숙지할 필요가 있다. 그 목표의 내용이 무엇이든 치료자와 내담자가 합의한 상태에서 내담자가 책임성 있는 자기 결단을 내리는 것이 주체적 실존치료의 목표이다. 예를 들어, 서로의 의견이 다르고 치료자가 원하지 않는 종결을 하더라도 각자의 주체성을 드러내어 서로 합의를 하는 것이 핵심이지, 그 합의의 형태나 내용이 어떠해야 한다는 것은 존재하지 않는다. 중요한 것은 이것이 명확한 자기 결단의 결과이고 치료자와 내담자 간에 합의된 것이어야 한다는 점이다.

이러한 주체적 실존치료의 목표는 기존의 다른 치료 접근들과 분명한 차이가 있다. 대다수의 치료 접근의 목표는 내담자의 적응이나 자아실현, 병이나 장애의 완화 및 치유 등 발전과 개선, 향상 등을 지향하는 경향이 있다. 목표의 내용이 무엇이든지 그것은 늘 나아지고, 발전하고, 향상하고, 좋아지고, 건강해지고 등의 명확한 긍정적 방향성을 갖고 있다. 이것은 너무나 당연한 자연적 태도여서 치료자도 내담자도 혹은 그 누구라도 거의 이것에 의문을 제기하거나 반박하지 않는다.

그러나 주체적 실존치료는 이러한 자연적 태도 자체에 의문을 제기하고 더 근원적인 수준에서 치료를 실행하고자 한다. 즉, 주체적 실존치료의 목표는 전문가 집단과 사회문화적 척도 혹은 국가의 기준 등이 바람직하고 긍정적이라고 제시하는 정해진 방향을 따라 설정되지 않는다. 목표의 내용이 비록 전문가 집단이나 사회문화적 척도, 그리고 국가의 기준 등에서 볼 때 바람직하지 않거나 부정적일지라도 내담자가 그것을 자신의 목표로 삼는다면 그것은 그의 엄연한 주체적 치료 목표가 되는 것이다.

이는 치료자가 그 목표에 동의하는가, 동의하지 않는가와는 별개이다. 다만 주체적 실존치료에서는 내담자가 자신의 주체적 치료 목표를 결정한다고 해서 바로 그것을 목표로 치료가 시작되는 것은 아니다. 내담자의 주체적 치료 목표가 치료자와의 합의를 거친 후에야 비로소 최종 치료 목표가 되는 것이다. 만약 치료자가 내담자의 주체적 치료 목표에 합의할 수 없다면, 그것은 더 이상 최종 치료 목표가 될 수 없고 치료의 진행 여부 자체가 원점에서 다시 논의되어야 한다.

정리하자면 주체적 실존치료의 목표가 되는 내용에는 그 어떤 기준도 존재하지 않는다. 어떤 것이든 목표가 될 수 있다. 그러나 그것이 최종 치료 목표로 설정되고 치료가 실제로 진행되기 위해서는 내담자와 치료자 간의 '합의'가 필수이다. 합의가 이루어지지 않아 치료가 진행되지 않는 것은 수용되지만, 치료자가 일방적으로 치료 목표의 방향성을 정하는 것은 수용될 수 없다. 또 겉으로는 내담자의 목표를 수용하면서 속으로는 자신의 목표를 따로 설정하는 등의 나누기와 확인하기, 합의가 없는 목표는 주체적 실존치료의 목표가 될 수 없다.

그러나 이보다 더 중요한 것은 주체적 실존치료의 최종 목표가 '자기 결단과 책임의 성취'라는 점이다. 자기 결단(self-determination)은 한마디로 주체적인 판단을 통해 어떤 결정을 확고히 내리는 것을 말한다. 여기서 주체적 판단의 의미는 자기 책임성을 명확하게 인식하고 소유하는 것이다. '결단'과 '책임'은 Heidegger가 말한 '결단성'과 연결하여 생각해 볼 수 있다. Heidegger는 '결단성(Entschlossenheit)'을 다음과 같이 언급한다.

"자기존재의 선택을 실존론적으로 선택함 …… 우리는 이것을 …… 결단성이라고 이름한다. …… 결단성은 그 존재론적인 본질상 각기 그때마다의 한 현사실적인 현존재의 결단성이다. 이러한 존재자의 본질은 곧 그의 실존이다. 결단성은 오직 이해하며 자기 자신을 기획투사하는 결의로서만 '실존한다'. …… 현존재 자신 안에서 그의 양심에 의해서 증거되고 있는, 탁월한 본래적인 열어밝혀져 있음을, 즉 침묵하고 있으면서 불안의 태세 속에 가장 고유한 탓이 있음에로 자기 자신을 기획투사함을 우리는 결단성이라고 이름한다. …… 결단성은 현존재가 열어밝혀져 있는 탁월한 양태의 하나이다. …… 결단성은 그 본래성을 앞질러 달려가 보는 결단성으로 획득한다. 이 결단성에서 현존재는 자신의 존재가능과 관련해서 자기 자신을 이해하는데, 그가 죽음 앞으로 나아가 그 자신인 그 존재자를 그 내던져져 있음에서 전적으로 떠맡는 식으로 이해한다. 고유한 현사실적 '거기에'를 결단하며 떠맡음은 동시에 상황에로의 결의를 의미한다."(Heidegger, 1997)

Heidegger는 우리가 우리 스스로 선택하지 않은 상황 속으로 내던져진, 즉 피투된 존재자인 동시에 항상 가능성으로 실존하는 존재자이기 때문에 미래를 향해 기투하는 존재자라고 말한다. 피투된 기투가 우리의 운명인 것이다. 우리는 내가 이 세상에 존재하기로 선택하고 결정해서 존재하게 된 것이 아니다. 하지만 실존하는 이상 끊임없는 결단을 통해 기투를 해야만 하는 가능성의 존재자이다. 내가 이미 존재한다는 사실 이외에는 고정되어 결정된 사실이 없으므로 나는 결단을 통해 나와 나의 세계의 창조에 참여한다.

물론 이때 결단은 진정한 자기 자신으로 자기의 삶을 자기답게 살려고 하는 본래적 실존 양태에서 일어나는 일이다. 여러 사람 중 하나일 뿐인 익명의 나, 즉 Heidegger가 말하는 '세인(das Man)'으로서 일상성에 빠져 있는 비본래적 실존 양태에서는 결단이란 존재할 수 없다. 그저 남들을 따라 남들처럼 사는 것뿐이다. 이때 그저 남들을 따라 남들처럼 살겠다고 스스로 결정한 경우라면, 이는 물론 본래적 실존양태로서의 결단이다. 비본래적 실존양태에서는 실존적 불안 속에서 자기의 기여를 명확하게 자각하면서 책임을 지는 결단은 일어나지 않는다. 여러 가지 선택과 결정을 하면서 살겠지만, 그것이 진정으로 나의 선택과 결정이라는 전적인 책임을 지면서 하는 결단은 아니다. 그렇기에 결과 역시 나의 탓이 아니다. 이것이 바로 나이외의 다른 사람과 상황 등의 탓을 하면서 자신의 주체성을 망각하거나 회피할 수 있는 이유이다. 박찬국의 다음과 같은 말은 앞에 기술된 내용을 잘 표현해 준다.

"세상 사람으로부터 '자기를 되돌려오는 것', 즉 세상 사람으로서의 자기를 본래적 자기로 실존적으로 변양하는 것은 세상 사람으로서의 현존재가 하지 못했던 선택을 만회하는 것으로서 수행되지 않으면 안 된다. '선택을 만회한다는 것'을 하이데거는 '선택을 선택한다'고도 말하고 있다. '선택을 선택한다는 것은 현존재는 선택할 수 있는 존재이지만 세상 사람으로서의 자기로 존재하는 현존재는 진정한 의미에서 선택한 적이 없기 때문이다. 그것은 세상 사람에 의해서 주어진 가능성들을 자신의 가능성으로서 무비판적으로 수용했을 뿐이다. …… 자신의 고유한 존재가능성을 향해서 결단을 내린 현존재는 스스로 선택한 존재가능성이라는 궁극 목적에 입각하여 세계를 향해 자기를 열어 놓는다. 세계의 개시성과 함께 이미 세계 내부적 존재자가 발견되어 있는 바, 자신의 고유한 존재가능성을

향해서 결단을 내린 현존재는 이제 다른 사람들에 대한 배려를 이들의 가장 고유
한 존재가능성에 입각해서 새롭게 규정한다."(박찬국, 2014)

주체적 실존치료에서 중요한 '결단'과 '책임'은 죽음과 연관해서 생
각해 볼 수도 있다. 우리는 실존하는 존재인 이상 죽을 수밖에 없는
존재이다. 따라서 죽음이라는 끝을 미리 생각하면서 자신이 어떤 존
재자로 어떻게 현존할 것인가를 심사숙고하여 자신이 그리는 자기
를 기획하고 그것에 자신을 던지는 존재자이다. 죽음이 누구도 대
신해 줄 수 없는 오직 나만의 죽음인 것처럼, 기획투사도 오직 유일
한 나만의 것이므로 모든 결단의 책임이 전적으로 나에게 있는 것
은 당연하다. 이처럼 이 세상에 죽음이라는 끝을 전제하며 내던져
진, 즉 기투된 나는 미래의 나를 기획하여 투사하는, 즉 활짝 열려
있는 가능성의 세계에서 순간순간 결단하며 실존하는 존재자이다.
Heidegger는 이러한 점을 다음과 같이 표현한다.

"미리 달려가 봄은 현존재에게 '그들'-자신에 상실되어 있음을 드러내 보이며 현
존재를, 배려(Besorgen)하는 심려(Fürsorge)에 일차적으로 의존하지 않은 채, 그
자신이 될 수 있는 가능성 앞으로 데려온다. 이때의 자기 자신이란, '그들'의 환상
에서부터 해방된 정열적이고 현사실적인, 자기 자신을 확신하고 불안해하는 '죽
음을 향한 자유' 속에 있는 자신이다."(Heidegger, 1997)

최초로 '실존철학'이라는 용어를 사용했던 Jaspers는 양심에 근거하는 결단성을 말하면서 '실존적 결단성'에 대해 다음과 같이 서술한다.

"나는 나의 현존이나 행동의 직접성 안에 머무를 수가 없다. 양심이 나로 하여금 구별하도록 이끌었다면, 그것은 나로 하여금 결단하도록 요구하는 것이다. 즉, 양심은 내가 현재에 있는 그대로 존재하는 것이 아니라 내가 원하는 바대로의 존재를 붙잡을 것을 요구한다. 나는 많은 가능성 중에서 결단하는 것에 의해 나 자신이 된다. …… 결단은 구별하는 사고의 밝음 안에서 양심에게 대답하는 것이다. 결단은 실천적으로 당혹스러운 특수한 문제에 대한 의식일반에서의 올바른 해결이 아니고 절대의식으로서의 실존적 결단인 것이다. …… 실존적 결단은 …… 본래적인 양심의 대답으로서 어떤 희생이라도 무릅쓰는 각오 밑에서 무조건적으로 선택한다. …… 나와 나의 결단은 두 개의 다른 것이 아니다. 결단되지 않은 존재로서는 나는 나의 절대의식 안에서 분열되어 있다. 그러나 나는 결단하였을 때 비로소 전체가 된다. 결단의 순간은 전체적 생명으로서, 자기를 전개시키는 씨앗으로서, 자기의 다양한 양태들 안에서 자기를 확인하면서 반복하는 전체로서의 자기존재이다."(Jaspers, 2019)

또한 Sartre(2008)의 '앙가주망(engagement)'도 결단과 연결하여 생각해 볼 수 있다. 앙가주망은 "인간이 자기 고유의 상황에 직면해서 자신의 전적인 책임을 의식하고 그 상황을 변경하거나 유지하기 위해 행동할 것을 결심하는 태도"이기 때문이다. 한마디로 모든 것이 '연기'하는 '불확실성' 속에서 죽음이라고 하는 실존의 확실성에 기반하여 특정 상황에 대하여 각자 자신의 고유한 '관점'을 명확하게 판단하는 것이 바로 '결단'이다.

강조하자면 주체적 실존치료에서 목표의 내용이 무엇인지보다 더 중요한 것은 항상 그 목표를 내담자 자신이 주체적인 자기 결단을 통해 그리고 책임성을 인식하면서 결정하는 것이다. 치료 과정에서 목표는 얼마든지 달라질 수 있다. 수십 번 목표가 달라져도 아무 문제가 없다. 그것이 내담자가 자기 결단에 따라 스스로 결정한 것이고, 그 결정에 대해 자기 책임성을 자각한다면 말이다. 목표가 없는 것도 전혀 문제가 되지 않는다. 목표가 없는 상태로 치료를 진행하는 것 자체를 스스로 결단하여 결정하고 그것을 명확하게 인식하는 책임성만 있다면 말이다.

아무리 강조해도 지나치지 않은 것이 바로 '무엇을 목표로 하는가'는 전혀 중요한 문제가 아니라는 것이다. 치료 전체 과정을 통해 내담자가 '자기 결단과 책임의 성취'라는 경험을 할 수만 있다면, 그것이 바로 주체적 실존치료의 목표가 달성된 것이다. 만약 내담자가 치료자를 한 번 만나고 난 후에 불만족스러워서 치료를 중단한다면, 이 또한 치료자가 낙담할 일만은 아니다. 왜냐하면 내담자가 자기를 위한 결단을 신속히 내리고 치료 취소라는 책임감 있는 행동을 취한 것이기 때문이다. 주체적 실존치료에서는 치료가 오래 지속되거나,

내담자와 관계가 좋거나, 내담자의 문제가 사라지거나 하는 것보다 내담자가 스스로 책임성 있는 결단을 하는 주체로서 자기 삶의 주인이 되는 것이 늘 항상 가장 중요하다.

제9장 주체적 호소문제와 주체적 치료 목표

앞서 기술한 주체적 실존치료의 정의와 과정 그리고 목표를 내담자의 호소문제와 상담 목표 결정 과정에 적용하여 서술해 보고자 한다. [독자들은 내가 이 책에서 '상담'과 '치료' 그리고 '상담자'와 '치료자'를 구분하지 않고 사용하고 있음을 숙지하기 바란다. 이 부분은 '상담'과 '상담자'라는 좀 더 친숙한 용어를 사용하여 서술하기로 한다.]

내담자들이 상담에 와서 주로 호소하는 문제를 상담자들은 보통 '주 호소문제'라고 부른다. 자발적으로 상담을 신청한 내담자이든, 비자발적으로 상담에 오게 된 내담자이든 모두 각자의 주 호소문제를 가지고 있다. 자신의 주 호소문제가 없는데도 의무나 강제로 상담에 오게 되는 경우, 의뢰자들의 호소문제가 내담자의 주 호소문제로 취급되기도 하고 혹은 자신이 원치 않는 상담을 받는 것에 대한 내담자의 불평불만이 주 호소문제가 되기도 한다. 또 정신과에서 진단명을 받고 상담에 오는 경우, 그 질병 자체가 주 호소문제의 핵심 내용이 되기도 한다.

내담자들이 호소하는 문제는 매우 다양한데, 보통 상담자들이 주 호소문제를 결정하는 두 갈래가 있다. 하나는 내담자가 가장 힘들고 고통스럽다고 호소하는 문제를 주 호소문제로 결정하는 경우이고,

다른 하나는 내담자의 호소 중 상담자가 가장 심각하거나 중요하다고 생각하는 호소문제를 주 호소문제로 결정하는 경우이다. 첫 번째 경우에는 대체로 내담자의 목표가 상담자의 목표와 일치되는 경향이 있고, 두 번째 경우에는 명시적으로는 내담자의 목표를 중요시하면서도 암묵적으로는 상담자가 자신의 심층 목표를 따로 갖게 되는 경향이 있다. 두 번째에 해당하는 상담자의 목표는 주로 상담자가 자신의 이론적 틀로 삼고 있는 내용에 기반한다.

주체적 실존치료에서의 호소와 목표는 앞서 기술한 바와 같이 일반적인 경우와 다른 특성이 있다. 주체적 실존치료의 목표는 '자기 결단과 책임의 성취'이고, 이 목표를 달성하기 위한 주체적 실존치료의 과정은 '주체성의 개현, 발현, 부각'이며, 주체성이라는 것은 '주체의 의식적 · 반성적 · 의지적 자기 결단의 측면'이다. 이런 점을 고려하면 주체적 실존치료에서 호소문제와 상담 목표를 결정할 때, 주체성을 개현하고 발현하며 부각하여 그 결정에 대한 자기 결단과 책임을 성취하는 것이 중요하다. 핵심은 앞의 두 경우는 주제 혹은 내용에 중점을 둔다면, 주체적 실존치료는 주제와 내용에 큰 중점을 두지 않는다는 것이다. 오히려 자기 결단과 책임의 성취라는 과정적인 측면에 초점을 둔다.

내담자는 자발적으로 상담에 왔든 그렇지 않든 '내가 상담에서 다루고 싶은 문제는 바로 이것이다'라는 주체적인 호소문제와 '내가 상담을 통해 달성하고자 하는 것은 바로 이것이다'라는 주체적 상담 목표를 결정해야 한다. 그리고 그 결정에 대해 상담자와 합의하고 계약하는 과정을 거쳐 자신의 책임을 명확하게 해야 한다. 이 과정에서 상담자 역시 자기 결정과 그 결정에 대해 명확한 책임을 수용하는 것은 당연하다. 상담에서 무엇을 다루고 싶은지 모르겠다고 말하는 경우일지라도, 그 상태에서 그럼 무엇을 할지 자체를 결정하는 데 내담자의 주체적 결단이 필수적이다. 때로는 내담자가 상담자에게 자기 문제가 무엇인지 혹은 자기가 어떤 목표를 가져야 하는지 정해 달라는 요청을 하기도 하는데, 그런 경우일지라도 '내가 나의 문제와 목표를 정해 달라고 상담자에게 요청을 하고 있다'는 명확한 인식과 그에 대한 책임을 수용해야 한다. 책임 수용의 결과는 다름 아닌 합의와 계약이다.

다른 경우는 말할 필요도 없거니와, 자발적으로 문제의식을 가지고 상담을 직접 신청한 내담자의 경우에도 자신의 주 호소문제와 상담 목표에 대해 불명확하거나 혼란스러워하는 경우가 많고, 혹은 명확한 듯이 말하지만 조금만 질문을 해 봐도 그 명확함이 모호함으로 뒤바뀌는 경우가 흔하다. 이들의 공통점은 자신의 문제와 목표가 없거나 또는 몰라서라기보다는 일차적으로 스스로 자신의 문제와 목표를 정의하고자 하는 자기 결단을 발휘하지 않기 때문이다. 여기서 중요한 점은 내담자들의 자기 결단 능력에 문제가 있거나 내담자가 자기 결단을 회피하거나 부정한다기보다는 상담에서 주 호소문제나 상담 목표를 자기 스스로 결단을 통해 정의한다는 생각 자체가 생소해서인 경우가 대부분이라는 것이다.

평소에 상당히 주체적으로 산다고 자부하는 사람조차도 일단 상담 장면에 와서 내담자의 위치에 있게 되면 '전문가'인 상담자 앞에 앉아 있는 '비전문가'인 내담자가 되어 수동적인 태도를 취하는 경우가 흔하다(물론 이는 겉으로만 그런 경우가 대부분이다). 이런 수동성이 지나쳐서 상담자가 다 알아서 자기 문제를 찾아내고 해결해 주어야 한다는 생각을 하는 사람들까지 존재한다. 이들은 '당신이 전문가이니 나의 문제를 알아서 파악하고 그 문제에 대한 해답을 전문가답게 내놓아 내 문제를 해결해 주어야 한다'고 생각하는 경향이 있다. 어떤 내담자들은 상담자에게 자신의 문제를 '객관적으로' 보고 해결방안을 달라고 이야기하는데, 이는 자기 삶의 고유하고 특별한 문제가 갑자기 모든 사람의 공통된 삶의 일반적이고 평균적인 문제로 전락하는 순간이다.

이런 태도를 취하는 내담자들은 각자의 독특한 특성을 가지고 있을 수 있다. 그러나 상담이라는 것을 문제가 있는 내담자가 이 문제를 해결해 주는 전문가인 상담자를 만나 그 문제를 고치고 변화시키는 것이라고 생각하는 일반적인 사고의 결과라고 할 수도 있다. 내담자에 대한 '객관적인' 검사와 병리적 진단을 점점 심화해 가는 전문가 집단과 검사나 진단, 구조화된 전략 등이 자신의 문제해결에 특효약이라고 여기는 내담자 집단 모두 이러한 사고를 증폭시키고 있다고 볼 수 있다. '나'의 문제가 더 이상 '나'의 문제가 아니고, 내

문제의 '주인'이 더 이상 내가 아닌 것처럼 여기는 상황이 벌어지는
것이다.

주체적 실존치료가 내담자의 문제나 고통에 마음을 쓰지 않는 것
은 아니다. 검사나 진단, 구조화된 전략 등이 무용지물이라고 말하
는 것은 더욱 아니다. 모든 객관적이고 실증적인 결과들을 경시하는
것도 물론 아니다. 그러나 주체적 실존치료는 확실히 상담의 초반부
터, 즉 상담을 신청하게 된 경위와 이유에서부터 내담자의 자기 결
단과 책임의 성취를 강조하는 것이 사실이다. 내담자 자신이 이 상
담 전반에 걸쳐 주인의 자리를 그 누구에게도 내어 주지 않는 것이
중요하다. 호소문제가 무엇이든, 상담 목표가 무엇이든 그 내용이
무엇인가보다 그 호소문제와 상담 목표가 내담자 자신의 선택과 결
정이라는 것, 즉 자기 결단과 책임의 성취라는 것이 훨씬 더 중요하
다. 목표의 내용을 달성하느냐 달성하지 못하느냐보다 그 목표가 왜
그리고 어떻게 달성되고 달성되지 않는가를 스스로 아는 것이 훨씬
더 중요하다. 만약 내담자가 상담 전반에 걸쳐 주인의 자리를 지킨
다면, 과정이나 목표와 관련한 자기 책임을 수용하는 것이 자연스러
운 일이 된다.

이때 중요한 것이 상담자 자신도 전문가인 상담자의 역할에만 집
착하며 존재하는 것이 아니라, 한 사람의 주체로서 주체성을 개현하
고 발현하며 부각하면서 내담자와 만나고 있다는 점을 숙지하는 것
이다. 이론적 틀이나 독단적 판단을 앞세워 내담자를 내담자 자신보

다 더 잘 아는 양 자신을 전문가로서 상위에 놓고, 내담자는 자신에 대해서 잘 모르는 도움을 받아야만 하는 사람으로 단정하며 하위에 위치시켜서는 안 된다. 내담자에 대한 이해와 공감, 자비조차도 그것이 내담자와 공유되고 합의된 것이 아니라면 그것은 진정으로 내담자에 대한 이해와 공감, 자비가 아니라 상담자가 내담자를 위한 것이라고 독단적으로 믿고 있는 이해와 공감, 자비일 수 있다.

상담자들이 흔히 저지르는 오류 중 하나가 내담자를 한 사람으로 보는 것이 아니라 내담자로만 보면서 내담자를 '위해서' 존재하는 것을 마치 자신이 내담자를 존중하는 것인 양 생각하는 것이다. 상담자가 일방적 판단에 따라서 내담자만을 '위해서' 일방적으로 현전한다면, 그것은 사람과 사람의 진정한 만남이라고 보기 어렵다. 내담자가 이 상담의 주인인 것처럼 상담자도 이 상담의 주인이다. 두 사람이 각자 자신의 주체성을 드러내면서 상담에 참여하는 것(만나는 것), 즉 같이 알아보고 함께 궁리하는 것이 바로 주체적 실존치료에서 치료의 진정한 의미이고 과정이다. 이는 면밀하고 솔직한 '나누기'와 진술하고 개방적인 '확인하기', 즉 상담자와 내담자가 각자 솔직하고 면밀하게 자신을 개방하고 이해한 바를 진술하게 공유하면서 그 의미를 확인하는 것을 통해 구현된다.

상담자와 내담자는 같은 시대와 공간의 공통 지평 위에서 주체로서 이미 만나고 있었던 사람들이다. 상담을 한다는 것은 단지 상담 장면에서 의식적·반성적·의지적 자기 결단의 측면을 통해 함께 만난다는 명확한 인식을 가지고 만나는 것이라는 점에서만 차이가 있을 뿐이다. 그 만남에서 어떤 내용이 주제가 되는가보다 중요한 것은 어떻게 만나고 있는가이고, 더욱 중요한 것은 만남의 내용과 과정 전반에 걸친 내담자와 상담자의 자기 결단과 책임의 성취이고, 이것은 솔직하고 면밀한 나누기와 개방적이고 진솔한 확인하기를 통해 실현된다. 전 과정에서 시종일관 중요한 것은 각자의 실존 과정에 각자가 주체적으로 참여하는 그 자체이다. 여기서 '주체적'이라고 함은 물론 주체성과 주체 모두를 포함하는 것이지만, 우리가 현상적으로 경험하는 것은 주체성의 개현, 발현, 부각이고, 이 과정을 수행하는 것 자체가 주체의 참여이다.

나는 상담 시작부터 이러한 점을 매우 강조하는데, 그럴 경우 상담에 가지고 온 문제가 더 이상 문제가 되지 않는 일이 일어나거나 전혀 다른 문제가 중요해지기도 한다. 자기 문제를 주체성을 활용하여 주체적으로 바라보기 시작하면 이전에는 생각하지 못했던 새로운 일들이 일어난다. 첫 만남부터 주체적 실존치료에서 중요한 '주체성의 개현, 발현, 부각'에 초점을 두다 보면 최종 상담 목표의 내용은 대개 '함께 잘 알아보자'로 귀결된다. 이는 물론 내담자가 이 방식에 만족했을 경우에 해당하는 말이다.

어떤 내담자들은 자기 문제를 자기 책임으로 받아들이고 주체성을 개현하고 발현하며 부각하면서 주체적으로 바라보려는 이 시도 자체에 대한 불편감과 거부감을 드러내기도 한다. 상담자가 정답을 내놓기를 바라고 온 내담자나 상담자가 적극적으로 자기편을 들어 주면서 위로를 해 주기를 바라고 온 내담자라면, 단 한 번의 만남으로도 실망할 가능성이 크다. 특히 자신을 '피해자'라고 생각하는 내담자의 경우, 이러한 시도 자체가 자신에 대한 또 다른 '가해'라고 생각하면서 분노할 수도 있다. 왜냐하면 주체성을 강조하게 되면 어떤 일의 발생에 대한 자신의 기여를 생각할 수밖에 없는데, 이것이 어떤 사람에게는 수용되기 어려운 것일 수 있기 때문이다.

나는 이 현상의 기반에는 '나 중심 사고'와 '고착된 인과관계' 개념이 있다고 본다. 모든 것을 나 중심적 사고에서 원인과 결과로 단선적으로 연결하는 것이 아니라, 나조차도 여러 원인 중의 하나일 뿐이고 어떤 현상이든지 단지 여러 원인이 인연에 따라 모이고 흩어지는 것이라는 '연기' 개념을 전제한다면, '나의 기여'라는 부분이 분노 없이 수용될 수도 있다고 생각한다. 그러나 여전히 수용이 힘든 내담자가 있는 것은 사실이다. 하지만 이것은 문제가 되지 않는다. 주체적 실존치료를 진행할 것인가 말 것인가는 전적으로 내담자의 자유로운 선택과 결정에 달려 있으며, 이는 주체적 실존치료의 전제에 동의하느냐 하지 않느냐의 문제일 뿐이고, 결국 주체적 실존치료의 전제 중 하나인 관점주의, 즉 관점의 차이일 뿐이기 때문이다. 그리고 이것은 또한 인연생기하는 것일 뿐이기 때문이다.

그러나 만약 상담자가 내담자의 사정과 상황을 지나치게 고려하지 않거나 면밀하고 솔직한 나누기와 개방적인 확인하기를 엄밀하

게 수행하지 않는다면 그것은 상담자의 잘못이라고 생각한다. 내담
자의 사정과 상황에 따라 상담자가 주체적 실존치료의 적용 방식을
조율하고 조정하는 것이 필요하다는 점은 말할 필요도 없이 당연하
다. 우리의 목적이 내담자와의 솔직하고 개방적인 주체적 만남이고
그 만남을 통해 같이 알아보고 함께 궁리하는 것인 이상, 내담자와
의 '만남' 자체가 가장 기본적이고 중요한 것이기 때문이다. 누군가
에게 매우 솔직하고 개방적이려고 노력하면 여러 가지 위험에 노출
될 가능성이 있다. 그러나 상담자와 내담자의 만남만이 아닌 주체적
인 한 인간과 주체적인 한 인간이 어떠한 '문제'를 진정으로 같이 알
아보면서 함께 열심히 궁리하고자 할 때, 실수와 위험을 감수하는
용기를 가지지 않는다면 그것은 주체적 실존치료를 실행하고자 하
는 상담자의 태도는 아니다.

　내담자가 이러한 접근에 저항하고 부정하는 것은 아무런 문제가
없다. 그 사람은 그런 관점을 가지고 그런 결단을 내렸을 뿐이다. 따
라서 주체적 실존치료를 실행하는 상담자는 자신의 관점을 엄밀하
고 충실하게 주체적으로 시도하면 되는 것이고, 내담자는 그것에 대
해 자신의 관점에 따라 주체적으로 판단하여 반응하면 되는 것이다
(물론 어떤 사람들은 내담자들이 이런 판단을 할 상태가 아니라든가 그럴
능력이 부족하다고 하겠지만 나는 그렇게 생각하지 않는다). 그 결과가
무엇이든 그것은 인연생기일 뿐이므로 인연 따라 일어난 일은 인연
따라 흘러버리면 되는 것이고, 그 인연에 참여한 나의 기여 부분에

대해서만 내가 책임을 지면 되는 것이다.

나는 내담자가 들고 온 문제가 무엇이든지 간에 나와 내담자가 상담 장면에서 할 수 있는 것이라고는 같이 면밀하게 잘 펼쳐서 알아보고 함께 열심히 궁리하는 것뿐이라고 생각한다. 조금 더 욕심을 낸다면 같이 알아보고 함께 궁리한 끝에 내담자가 자기 결단을 통해 시도해 보고자 하는 것이 생겼을 때 그 과정을 함께하는 것 정도이다. 만약 크게 욕심을 내본다면 내담자가 '인연생기'라는 것을 개념으로가 아니라 진정 심정적으로도 그리고 구체적 경험 속에서 체화해 가면서 우리가 '문제'라고 부르는 것의 가변성과 연기성을 자각하는 것이다. 이렇게 될 때 현실적으로는 지금의 문제를 해결하고자 하는 노력을 최선을 다해 열심히 하면서도 궁극적으로는 그 문제나 그 문제를 해결하기 위해 열심히 노력하는 '나'나 또 그 문제의 '상황 혹은 맥락'이 모두 가변적이라는 진실을 알게 될 것이기 때문이다.

나는 이 앎의 결과가 '집착의 벗어남'이고, 불교에서 말하는 '여여(如如)'이며, 진정 '내가 나의 삶의 주인'이 되는 것이라고 생각한다. 이것이 주체적 실존치료가 그릴 수 있는 가장 큰 그림이다. 그러나 여기서도 잊지 말아야 할 것은 주체적 실존치료의 목표는 그 그림 자체가 아니라 그 그림을 그리겠다고 결심하고 실제로 그리는 주체적 결단 그 자체라는 것이다. 물론 그 그림을 그리지 않겠다고 주체적으로 결단한다면 그 자체도 주체적 실존치료의 목표를 훌륭하게 이룬 것이다. 또 집착의 벗어남이나 자기 삶의 주인이 되는 것 등이 모두 '인연생기'라는 것을 잊지 않는 것이 중요하다. 한마디로 '앎'이 주체적 실존치료의 목적이지 '앎의 내용'이 목적인 것은 아니다. 앎의 내용은 단지 각자의 때와 상황에 따른 관점을 따르면 되는 것이다.

이런 맥락에서 볼 때 내담자가 상담을 신청하게 된 계기인 특정 문제, 즉 오랫동안 내담자를 괴롭혀 온 문제가 상담을 통해 쉽게 사라진다면 그것이 오히려 기이한 일일 수도 있다. 왜냐하면 그 문제의 형성과 지속에는 내담자의 기여가 필수적이기 때문이다. 또 다른 면에서 보면 상담자가 내담자의 문제를 해결해 주거나 없애 줄 수 있는 마술사 같은 능력이 있는 것이 아니기 때문이다. 내담자도 고통을 경험하고 그 고통으로부터 벗어나려고 나름 애를 썼음에도 불구하고 그 문제를 어찌하지 못하는 자신을 알고 있다. 그래서 그 문제가 어떤 의미에서든 자기에게 중요한 것이고, 그렇기 때문에 쉽게 사라질 것이 아님을 누구보다 잘 알고 있다. 때로는 말로는 그 고통을 없애고 싶다고 하지만 심중에는 그 고통이 지속되어야 할 이유가 있기도 하다. 그저 당장 너무 고통스럽기 때문에 가만히 생각하면 말이 안 된다는 것을 알면서도 상담과 상담자에게 희망을 걸어 보는 것이다. 세상에 기적이 존재하듯이, 상담에서도 기적 같은 일이 간혹 일어나기도 하니 말이다.

이와 같은 내담자의 심정과 사정을 모르는 바가 아니지만 주체적 실존치료는 이 심정과 사정에 빠지는 것을 경계한다. 오히려 '지금 나에게 무슨 일이 일어나고 있는가'를 내가 알아차리는 것이 중요하다. 그러나 내담자가 자신의 심정과 사정에 상담자가 함께해 주기를 명확한 자기 결단을 통해 요청하고 상담자가 그것에 동의하여 합의한다면, 상담자 역시 무슨 일이 일어나고 있는가를 인지적으로 궁리하는 것보다는 정서적으로 내담자의 상태에 공명하려는 노력에 집중할 것이다. 물론 상담자가 그것을 할 수 있고, 하기로 결정했을 때의 말이다.

어떤 치료도 정서의 중요성을 부정할 수 없고 주체적 실존치료도 정서의 중요성을 간과하는 것은 아니지만, 정서보다 인지에 초점을 두는 경향이 있는 것은 분명하다. 정서조차도 탐구의 대상이 되는 경우가 많다. 그러나 오해를 해서는 안 된다. 주체적 실존치료는 정서를 특별히 주목해서 따로 다루어야 할 주제라고 생각하기보다는 정서가 우리의 만남과 궁리 작용 자체 안에 어떤 분위기를 통해 항상 내재한다는 입장이다. 우리가 늘 공기를 들이마시고 내뱉으면서 살지만 평소에 그 공기의 존재를 의식하면서 살지 않는 것처럼, 정서는 늘 우리와 붙어 있는 것이기에 그것을 특별한 경우가 아니라면 주제화할 필요성조차 느끼지 못한다는 것이다. 그러나 숨을 쉬기 어려울 때 공기에 대해 생각하는 것처럼, 정서와 내가 자연스럽게 조율되어 있지 않을 때 정서는 나의 관심을 끌게 된다. 특별한 부조화가 아닌 이상 우리는 정서에 크게 관심을 갖지 않으며 살아간다. 늘 그것은 자연스럽게 나와 함께하는 것이기 때문이다.

따라서 정서를 특별히 주제로 한다는 것은 이미 정서가 인지적으로 포착되었다는 것이고, 정서를 따로 떼어내서 다룰 것인가 아닌가 조차도 내담자 주체성의 개현과 발현, 즉 의식적 · 반성적 · 의지적 측면의 부각을 통한 자기 결단에 달려 있는 것이다. 정서 혹은 감정이 내담자의 고유세계를 들여다볼 수 있는 창문인 것은 분명하지만, 그 창문이 자연스럽게 열리는 경우가 아닌 이상 그 창문을 열 것인가 말 것인가는 내담자의 고유한 선택과 결정에 달려 있다. 상담자는 권유하고 호소할 수는 있지만 그 이상의 권리를 가질 수는 없다. 특히 전문가라는 이름 뒤에 숨어서 갖는 독단적이고 우월적인 권리는 더더욱 조심해야 할 것이다.

요약하자면 주체적 실존치료에서는 상담에서의 호소문제와 상담 목표가 내담자의 주체적 자기 결단을 통해 주체적 호소문제와 주체적 상담 목표로 귀결되어야 하고, 그 내용이 상담자와 합의되어 최종 상담 목표가 결정되어야 한다. 물론 이때도 가장 중요한 것은 최종 상담 목표의 내용 자체라기보다는 그러한 최종 상담 목표를 만들어 낸 내담자와 상담자의 자기 결단과 책임의 성취 그리고 합의이다. 만약 이 과정이 면밀하고 명확하게 이루어지고 내담자도 이 과정을 긍정적으로 생각한다면, 주체적 실존치료가 순조롭게 시작된 것을 의미한다.

그러나 만약 상담자들이 이와 같은 상담 방식이 내담자들에게 잘 적용될 것으로 기대한다면, 실망할 일이 많을 것이다. 우리는 보통 힘들 때 스스로 생각하면서 자기 문제를 자기가 해결하고 싶어 하기보다는 누군가에게 기대고 의지하고 싶어 하고 누군가가 내 문제를 해결해 주기를 원하기 때문이다. 그 대상이 신일 때도 있고, 상담자일 때도 있는 것이다. 나는 내담자가 신이 아닌 상담자를 선택했다면, 상담자는 전적으로 그의 모든 문제를 대신 책임져 줄 수 있는 신과 달리 내담자처럼 자기 몫의 삶의 고통과 책임성을 갖고 살아가는 고유하고 독특한 한 명의 인간이라는 점을 기억하기를 바란다.

상담자들이 다른 사람들과 조금 다른 면이 있다면, 상담자들은 자기 실존의 문제를 큰 관심사로 여기면서 끊임없이 궁리하는 것에 익숙하고, 그러한 사고 능력이 발달되어 있으며, 그것을 좋아하는 사람이라는 것뿐이다. 그리고 다른 사람과 이러한 능력을 공유하는 것에서 기쁨을 느끼는 사람이라는 것뿐이다. 상담자가 특별한 존재가 아니라는 말이 너무 당연하게 여겨져서 내가 이런 말을 하는 것이 의아할 사람도 있을 수 있다. 그러나 나는 상담 현장에서 이 말을 피상적으로 이해하는 사람은 많지만, 진정 그 의미를 이해하는 사람은 많지 않다는 경험을 한다. 그 사람이 내담자이든 상담자이든 마찬가지이다.

주체적 호소문제와 주체적 상담 목표 결정 및 합의와 관련한 내용을 정리하면 〈표 2-2〉와 같다.

〈표 2-2〉 주체적 호소문제와 주체적 상담 목표의 결정 및 합의

주체적
상담 동기 확인
	• 내담자의 상담 신청 경위 혹은 의뢰 사유 확인
	• 내담자 자신의 상담 신청 이유 확인
	  – 상담을 '왜(why)' 신청했는가?
	  – 상담을 '왜(why)' 하고자 하는가?

주체적 호소문제 결정	• 내담자의 호소문제 탐색 • 호소문제 중 내담자 자신의 주체적 호소문제 결정 – 상담에서 다루고자 하는 문제가 '무엇(what)'인가?
주체적 상담 목표 결정	• 주체적 호소문제와 관련하여 내담자가 자신의 주체적 상담 목표 결정 – 상담에서(상담을 통해) '무엇(what)'을 달성하고자 하는가?

최종 상담 목표
및
진행방식 합의
	• 내담자와 상담자 각자 목표에 대한 의견을 나누고 고려한 최종 상담 목표 합의
	• 합의된 최종 상담 목표에 따른 상담 진행방식에 대한 의견을 나누고 고려한 최종 상담 진행방식 합의
	• 합의된 최종 상담 목표 및 진행방식에 대한 명확하고 명시적인 확인과 계약
	  – 내담자와 상담자가3 합의한 상담을
	    '무엇을 위해(what for)' 하는가?
	  – 내담자와 상담자가 합의한 상담을
	    '어떻게(how)' 진행하는가?

제3부

주체적 실존치료 방법

제10장 실존치료 방법

　실존치료자들은 특정 방법에 매이지 않는 경향이 강하다. 그러므로 실존치료에서 사용되는 방법은 매우 다양하고 때로는 다른 이론에서 주로 쓰이는 방법을 차용하기도 한다. 다른 치료들에 비해 실존치료 자체의 스펙트럼도 넓지만, 실존치료에서 쓰이는 방법의 스펙트럼 또한 넓다.

　Cooper 등(2019)은 실존치료를 어떤 특정한 미리 정해진 기법에 근거해 정의할 수 없다고 하면서 실제로 일부 실존치료자들은 그 어떤 기법적인 개입도 하지 않는다고 말한다. 왜냐하면 그들은 그러한 부자연스러운 기법들이 자칫 치료적 관계의 근본이라고 할 수 있는 진솔성과 솔직성, 정직성 등을 약화시킬 수도 있다고 보기 때문이다. 그러나 주요 실존치료, 즉 '현존재분석' '실존적-현상학적 치료' '실존적-인본주의적 치료와 실존적-통합적 치료', 그리고 '의미치료와 실존분석'에서 공통으로 사용되는 방법이 있다. 바로 현상학적 방법이다. 물론 Husserl의 초월론적 현상학뿐만 아니라 Heidegger의 해석학적 현상학을 포함한 현상학적 방법을 말한다.

　현상학적 방법을 Spinelli(1989)는 치료자가 특정 의미와 이론을 보류하고 기술적인(descriptive) 진술을 촉진하는 것으로, Milton

과 Legg(Deurzen & Arnold-Baker, 2005에서 인용)는 암시적 혹은 형식적 이론이 적용되지 않는 내담자 고유의 현실을 명확하게 기술(description)하는 것으로 정리한다. 이 방법에서 실존치료자는 치료과정과 관련된 모든 선입견을 일시적으로 옆으로 제쳐놓으려고 노력함으로써 매회 치료 시간 동안에 최대한 그 순간에 집중하고 주의를 기울이려고 노력한다. 이렇게 하는 목적은 내담자의 어떤 특정한 경험이 그 사람의 고유하고 독특한 현재의 삶의 맥락에서 어떤 의미를 지니는지 명확하고 분명하며 깊이 이해하기 위해서이다(Cooper et al., 2019). 또한 내담자를 일반적이고 객관적이며 과학적이고 의학적인 대상으로 보고, 치료자를 그러한 대상을 분석하고 판단하여 진단하고 변화시키는 주관으로 보는 자연과학적 이분법을 피하기 위함이다. 이분법에 대한 거부는 실존철학과 실존치료가 공유하는 중요한 공통점이다.

이처럼 현상학적 방법은 모든 실존치료자가 공통으로 사용하는 방법이지만, 실존적-현상학적 치료로 명명되는 영국(유럽) 학파의 경우에는 자신들의 치료 방법으로 특히 현상학을 강조하고 있다. 현상학을 기반으로 하는 실존치료 방법 몇 가지를 간단하게 제시하면 다음과 같다.

Adams(2013, 2019)는 실존치료의 현상학적 방법을 주의(Attention), 에포케(Epoché), 기술(Description), 균등화(Equalisation), 지평화(Horizontalisation), 확인(Verification)으로 제시하고, Deurzen과

Adams(2016)는 주의(Attention), 에포케(Epoché), 확인(Verification), 기술(Description), 균등화(Equalization), 지평화(Horizontalization), 해석(Interpretation)으로 제시한다.

특히 Deurzen(2016)은 Husserl의 현상학에 초점을 두고 환원의 방법, 즉 현상학적 환원(phenomenological reduction), 형상적 환원(본질 직관, eidetic reduction), 초월론적 환원(transcendental reduction) 각각을 자세히 소개하고 있다. 이 세 환원 중 첫 번째 현상학적 환원에 속하는 것이 실존치료에서 주로 현상학적 방법으로 소개되는 에포케(가정들을 괄호 치기), 기술(설명 혹은 해석이 아닌 묘사하기), 지평화(관찰의 한계와 맥락을 인식하기), 균등화(동등한 중요성 부여하기), 확인(결론을 속단하지 말고 계속 검증하기) 등이다.

Spinelli(2007, 2015)는 핵심적인 현상학적 방법으로 세 단계의 규칙, 단계 A: 에포케, 즉 괄호 치기(Bracketing)의 규칙, 단계 B: 기술, 즉 묘사(Description)의 규칙, 단계 C: 지평화 · 균등화의 규칙을 제시한다. Lacovou와 Weixel-Dixon(2015) 역시 Spinelli가 제시한 세 가지 방법을 실존치료에서 일반적으로 사용하는 현상학적 방법이라고 말한다. Cooper(2015)는 Spinelli의 방법을 기본으로 하면서 좀 더 확장된 방법, 즉 에포케, 기술, 도전(Challenge), 교육(Education), 실존적 소여들의 탐구(Exploring the givens of existence) 등을 제시하고 있다.

Sousa(2016, 2017)는 특히 Husserl 현상학의 두 갈래인 정적 현상학과 발생적 현상학 각각을 토대로 한 방법들을 제시한다. 이남인(2013)

은 Husserl이 정적 현상학과 발생적 현상학을 초월론적 현상학의 서로 구별되는 "두 가지 얼굴"이라고 불렀다고 하면서, 정적 현상학과 발생적 현상학 모두 초월론적 주관의 구성작용을 해명함을 목표로 하는 현상학이지만 양자는 초월론적 구성을 해명하는 관점에서 차이가 있다고 말한다. 정적 현상학은 구성을 타당성의 초시간적 정초관계의 관점에서 해명하고자 하고, 발생적 현상학은 시간적인 발생적 정초관계의 관점에서 해명하고자 한다는 것이다. 즉, 정적 현상학과 발생적 현상학은 양립가능한데 관점의 차이로 인해 각자 나름의 의미를 지닌다는 것이다. Sousa가 소개한 방법적 접근은 〈표 3-1〉과 같다.

〈표 3-1〉 실존심리치료: 발생적-현상학적 접근

정적 현상학 (static phenomenology)	발생적 현상학 (genetic phenomenology)

• 에포케(Epoché)
• 현상학적 환원(Phenomenological Reduction)
• 기술(Description)
• 적극적 경청(Active Listening)
• 대화적 태도(Dialogical Attitude)
• 형상적 분석(Eidetic Analysis)
  (명료화 Clarifications)
• 경험적 즉시성(Experiential Immediacy)
• 공감적 탐색(Empathic Exploration)
	• 해석(Interpretation)
	• 반사적 재활성화(Reflexive Reactivation)
	• 자아의 다른 측면들 사이의 대화
	  (Oneself as Another Dialogue)
	• 경험적 타당화(Experiential Validation)
	• 실존적 직면(Existential Challenge)
	• 꿈 분석(Analysis of Dreams)
	  (해석학적 순환 Hermeneutic Circle)
	• 자기개방(Self-disclosure)
	• 체화(Embodiment)

지향적 경험(Intentional Experience)	의미의 발생(Geneses of Meaning)

몇 가지 예를 앞에서 서술한 것처럼, 실존치료자들은 현상학을 바탕으로 한 다양한 방법을 제시하고 있는데, 그 핵심에는 Husserl의 초월론적 현상학과 Heidegger의 해석학적 현상학이 자리하고 있다. 물론 실존치료에서 현상학적 방법만을 사용하는 것은 아니다. 그러나 실존치료자라면 아마도 현상학적 방법이 핵심 방법(method) 혹은 기술(skill)이라는 점에 대해 이의를 제기하지 않을 것이다. 앞으로도 많은 실존치료자가 각자의 방식으로 다양한 기술을 개발할 것이라고 생각한다.

제11장 Husserl 현상학

이 책은 '주체적 실존치료'를 소개하는 것이 목표이므로 앞서 예를 든 치료자들의 현상학적 방법들이나 현상학 자체에 대해 자세히 다루지는 않겠다. 하지만 현상학(Phenomenology)이 무엇인지와 현상학의 슬로건인 '사태 자체로(Zu den Sachen selbst!/To the things themselves!)', 그리고 '엄밀성(Streng)'에 대해서는 조금 언급하고자 한다.

이남인(2004)은 '현상학'에 해당하는 독일어 Phänomenologie 의 어원이 그리스어 phainomenon과 logos의 합성어인데, 여기서 phainomenon은 '자기 자신을 드러내다'라는 뜻을 지니는 그리스어 phainesthai에서 파생된 단어로 '자기 자신을 드러내는 것', 즉 '현상'을 의미한다고 말한다. 따라서 phainomenon의 복수형 'phainomena', 즉 '현상들'은 백일하에 드러나 있는 것 혹은 환한 빛 속으로 끌어들여질 수 있는 것, 다시 말해 그리스인들이 존재자(ta onta)와 동일시했던 것들의 총체를 의미한다고 말한다. 또 그는 logos가 그리스어에서 다의적으로 사용되기는 하였으나 그 근원적인 의미 가운데 하나는 '말(Rede)'인데, '말'이란 구체적으로 '제시해 주면서 볼 수 있게 해 줌' 말 속에서 언급되고 있는 것을 드

러나게 해 줌'을 의미하므로 phainomenon과 logos의 합성어인
Phänomenologie는 '스스로 드러나는 것을 스스로 드러나는 그 자
체로 볼 수 있도록 해 줌'을 의미하고, 결국 근원적인 의미에서 볼 때
현상학이란 모든 유형의 자의적인 사변, 구성 혹은 전통과 권위의 속
박에서 벗어나 '사태 자체로' 귀환하라는 방법론적 요청을 뜻한다고
정리한다. 이종훈은 Husserl의 철학을 다음과 같이 요약한다.

> "이론과 실천, 가치를 포괄하는 보편적 이성을 통해 모든 학문의 타당한 근원과
> 인간성의 목적으로 되돌아가 물음으로써 궁극적 자기 책임에 근거한 이론(앎)과
> 실천(삶)을 정초하려는 '엄밀한 학문(strenge Wissenschaft)으로서의 철학(선험적 현
> 상학)'의 이념을 추구한 것이다. 그 방법은 기존의 철학으로부터 정합적으로 형이
> 상학적 체계를 구축하는 것이 아니라, 모든 편견에서 해방되어 의식에 직접 주어
> 지는 '사태 그 자체로' 되돌아가 직관하는 것이다."(이종훈, 2014)

이종훈의 요약처럼, Husserl(2014)은 『엄밀한 학문으로서의 철학
(Philosophie als strenge wissenschaft)』 첫머리에서부터 "철학은 그 최
초의 출발 이래 엄밀한 학문이 되고자 하는 요구를 지녀 왔다"라고
주장한다. 이종훈(2014)은 Husserl 현상학의 이념인 '엄밀성(streng)'
은 실증적 자연과학의 '정밀성(exakt)'과 다르며, 논리적 정합성만도
아니라고 말한다. 여기서 엄밀성은 객관적 학문의 궁극적 근원으로
되돌아가 물음으로써 그 타당성의 근거를 밝히고 진정한 학문으로

정초해 이론적 앎의 자기 책임과 실천적 삶의 의지 결단을 성취하는 것을 포괄하는 선험적 개념이라는 것이다. Husserl은 다음과 같이 말한다.

"우리가 우리 시대의 의미를 해석하면서 앞에서 서술한 위대한 목표를 향해 전진해 가려면, 우리는 그 목표에 도달할 수 있는 길이 오직 하나밖에 없다는 사실을 분명하게 해야만 한다. 즉 우리가 진정한 철학적 학문의 본질에 속하는 (철저한) 근본주의(Radikalismus)에 의해 미리 주어진 어떤 것도 받아들이지 않고, 전해 내려오는 어떤 것도 출발점으로 삼지 않으며, 아무리 위대한 대가(大家)라도 그 명성에 현혹되지 않고, 오히려 문제 자체와 이 문제로부터 나오는 요구들에 자유롭게 몰두하는 가운데 탐구의 실마리를 찾으려고 노력해야만 한다는 점은 명백하다."(Husserl, 2014)

앞의 인용문에서 볼 수 있는 것처럼, Husserl 현상학은 엄밀성을 추구한다. 여기서 엄밀성이란 무엇인가를 자세하게 탐구하거나 논리적 또는 합리적으로 어긋남 없이 살펴보는 것을 의미하지 않는다. 무엇인가를 우리가 자연과학적이고 객관적이며 실증적으로 파악한다는 것도 아니다. Husserl이 말하는 엄밀성은 학문과 과학, 이론과 지식, 상식과 지혜 등 이미 우리에게 주어져 있는 그 어떤 정보나 자료도 우리 사유의 출발점으로 삼지 않겠다는 의지이다. 오직 지금 이 순간 나에게 현현하는 사태와 그 사태에 대한 나의 직관적 인식 자체를 기초로 해서만 나의 사유를 전개해 나가겠다는 결심이다.

우리가 너무도 당연한 진리와 사실로 여기기 때문에 의심의 여지가 없다고 생각하는 것, 우리가 권위를 부여하며 따르고 있는 소위 대가라고 하는 사람들의 언행 등 그 무엇에도 의존하지 않겠다는 결정이다. 대신 우리 자신이 처한 사태와 맥락 속에서 그러한 사태와 맥락이 우리와 어떤 관계를 맺고 있고 어떻게 연관되어 있는지를 있는 그대로 직관하여 우리 자신의 의미와 진리를 책임성 있게 취하겠다는 결단이다. 한마디로 나의 직관을 중심점으로 삼아 모든 것을 원점으로 되돌려, 즉 사태 자체로 되돌려 그 어떤 기존의 관점과 해석에도 구애받지 않으며 있는 그대로의 사태를 관찰하고 조사하겠다는 것이다.

이와 같은 Husserl의 엄밀성은 '무전제성의 원리'에서도 잘 나타난다. 무전제성의 원리는 그 어떤 전제도 가지지 않은 상태에서 일어나는 있는 그대로의 현상을 직관하여 알아차리는 것이다. Husserl 현상학을 생각하면 많은 사람이 우선 떠올리는 것이 무전제성의 원리이기도 하다. Husserl은 실제 다양한 전제들이라고 말할 수 있는 우리의 자연적 태도를 배제하고 옆으로 비켜 둔 상태에서 사태를 직관하기를 요청한다. 수많은 전제의 방해로부터 자유로운 상태에서 지금 일어나고 있는 현상을 직접적으로 바로(directly) 보고자 하는 것이다. 이처럼 철저한 Husserl의 태도는 "만약 실증주의가 …… 원본적으로 파악된 것에 모든 학문의 절대적이고 편견 없는 정초를 뜻한다면, 우리야말로 진정한 실증주의자"(Husserl, 2009)라고 한 말을 통해서도 잘 나타난다. 한마디로 전제의 괄호치기, 전제의 배제하기, 즉 무전제성(Voraussetzungslosigkeit, 無前提性)이 현상을 있는 그대로 직관하고자 하는 Husserl 현상학의 기본 전제라고 할 수 있다.

이종훈(2014)은 Husserl이 강조한 '무전제성의 원리'는 철학적 탐구가 언어나 논리학까지 모두 배격해 절대적 무(無)로부터 출발해야 한다는 주장이 아니라, 직관에 주어지지 않은 물질적 대상의 본성에 관한 형이상학적 문제나 자연과학적 설명에서 단순한 가설적 개념들을 배제하고 순수 체험에 탐구 영역을 국한시켜야 한다는 것을 뜻한다고 해설한다. 한마디로 무전제성의 원리란 소박한 자연적 태도를 판단중지하고 우리의 의식을 인식의 근원인 순수 의식으로 환원하여 순수 의식에 주어진 사태 자체를 그 어떤 기존의 전제나 설명도 허용하지 않는 엄밀하고 철저한 현상학적 태도로 직관하겠다는 것이다. 이는 당연한 말처럼 들리지만, 사실은 많은 사람이 오해하기도 하는 말이다.

Husserl이 말하는 무전제성은 우리가 체험하는 현상에 대한 엄밀한 앎을 위해 우리가 가진 수많은 전제를 잠시 괄호치는 것을 말한다. 괄호친다는 것은 괄호쳐진 내용이 그대로 간직된다는 것이지 어디로 사라져 없어지는 것이 아니다. 그런데 사람들은 무전제성을 흔히 아무런 전제도 가지고 있어서는 안 되는 상태처럼 왜곡해서 받아들인다. 이는 가능한 일도 아니거니와 Husserl이 무전제성의 원리를 통해 의미하고자 하는 바도 아니다. Husserl은 그 어떤 전제도 없어질 수 있는 것으로 보지 않는다. 없애야 한다고 말하지도 않는다. 그런 일은 일어날 가능성이 전혀 없다(물론 우리가 기억상실증에 걸린다면 많은 전제가 사라지기는 하겠지만 말이다). 다만 우리가 체험적 확인과 검증 없이 가설적·관념적·추상적·이론적·수학적 전제로 어떤 사태를 살피고 파악하는 것을 경계하는 것이다.

이는 치료 장면에 시사하는 바가 크다. 치료자는 대체로 내담자의 문제를 기존의 이론적 틀로 진단하고 평가하여 개념화하고, 그 추상적 사례개념화를 통해 치료 전략과 방법을 설정하는 경향이 있다. 의학적 진단명과 숫자로 이루어진 검사 점수를 의심의 여지없이 사실로 받아들여 당연하게 여기는 경향 또한 짙다. 내담자가 자신의 문제 현상을 어떻게 바라보고 어떤 식으로 경험하는지 내담자의 1인칭적 관점에서 보이고 느껴지고 생각되는 그대로 기술하지 않는다. 또 그 문제 현상을 어떻게 대처해 갈지에 대해 내담자 본인은 어떻게 보고 느끼고 생각하는지를 핵심으로 삼지 않는다. 어떤 치료자들은 이렇게 내담자의 1인칭적 관점에 집중하는 그 자체가 전문가답지 못한 태도이고 전문가로서의 역량이 부족한 것이라고 폄훼하기도 한다. 내담자들 역시 자신의 문제를 대상으로 전문가답게 이론적이고 개념적인 사례개념화를 신속히 하여 대책을 내놓기는커녕, 계속 자신의 경험을 1인칭적 관점에서 묘사하도록 하는 치료자를 폄훼하는 경향이 있는 것은 마찬가지이다.

그러나 만약 Husserl 현상학에 충실한 치료자라면 어떤 이론도, 검사도, 진단도, 또 어떤 방법도 내담자가 스스로 기술하고 묘사하는 자기 체험에 대한 자료보다 더 중요할 수 없다는 점을 수용할 것이다. 이는 내담자의 1인칭적 관점에 근거한 체험 현상을 떠난 이론과 검사, 진단과 방법은 큰 의미를 가질 수 없다는 것을 말한다. 이런 관점은 치료를 자연과학적 의학모델에 속하는 것으로 당연하게 생각하는 치료자들과 내담자들에게는 생소하고 비전문적으로 보일 가능성도 있다. 이종훈은 다음과 같은 말도 하고 있다.

> "'사태 자체로!' 부단히 접근하려는 현상학의 철저한 직관주의적 태도에서 '보는 것'은 '아는 것'의 궁극적 기초이자 자아를 실현하는 첫걸음이다. 그리고 이러한 후설의 입장은 유가(儒家)가 모든 근본을 격물치지(格物致知)에 둔 것이나, 불가(佛家)의 팔정도(八正道)에서 첫 항목이 정견(正見) 혹은 지관(止觀)인 것, 또 도가(道家)에서 도통(道通)의 첫 단계를 관조(觀照)라고 한 것과 동일한 맥락으로 모두 '봄'이 '이론적 앎'과 '실천적 삶'의 기본임을 강조하고 있다."(이종훈, 2014)

이는 '보는 것'이 '아는 것'의 기초이고, 우리가 본다고 하는 것이 우리가 이론적으로 무엇을 아는 것인지와 실천적으로 어떻게 행동하는지의 기초라는 것이다. 따라서 모든 현상의 기초는 '보는 것'에 있는데, 여기서 중요한 것이 바로 이미 존재하는 어떤 틀에 의해서 보는 것이 아니라 철저하게 즉각적 · 직접적 직관을 통해 곧장

(directly) 보는 것이며, 그것이 바로 사태 자체를 있는 그대로 보는 엄밀한 현상학적 '봄'이다.

나는 내가 누구인지를 바로 알면서 나다운 나로서 나를 주체적으로 실현하는 것의 기초 역시 이러한 바로 '보는 것', 즉 엄밀한 현상학적 봄에 있다고 생각한다. 이것이 치료 장면에 적용될 때 이는 바로 내담자의 1인칭적 관점과 치료자의 1인칭적 관점, 그리고 내담자와 치료자 각자의 1인칭적 관점 간의 교호작용, 즉 나누기를 통해 실현된다. 나는 이렇게 개방하고 나누면서 서로의 관점 자체가 확인되는 그것이 바로 치료 장면에서 사태 자체를 있는 그대로 보는 엄밀한 현상학적 봄(방법)이라고 생각한다.

비록 '사태 자체로'에서 Husserl의 '사태'는 의식에 직접 주어진 것을 의미하겠으나, 실존치료에서 중요한 것은 이 말이 어떤 이론적 판단도 거부하면서 오직 직접성과 즉시성을 통해 사태를 조사하는 것을 의미한다는 것이다(Deurzen & Kenward, 2005). 즉, 실존치료에서 현상학이 중요한 이유는 실존치료가 기존의 어떤 이론이나 설명 혹은 분석 등을 통해 사태나 현상을 보는 것이 아니라, 사태나 현상이 우리에게 보이는 그대로 직접 보는 것을 강조하기 때문이다. 그리고 여기서 본다는 것은 단지 인식론적인 측면에 국한된 것이 아니라 존재론적인 측면까지도 포괄하므로 이론(앎)과 실천(삶)이 이분법적으로 나누어지지 않는다는 것 역시 중요하다.

주체적 실존치료는 실존치료에서의 현상학에 대한 이와 같은 시각을 공유하면서 한발 더 나아가고자 한다. 한 개인이 사태를 있는 그대로 직관하는 것 자체는 주체적 실존치료에서도 물론 일차적이고 중요하다. 그러나 치료는 최소 두 사람이 함께하는 작업이라는 전제가 있으므로 사태 자체로 되돌아가 있는 그대로 직관한다는 것의 의미도 이에 맞게 수정될 필요가 있다. 나는 내담자의 1인칭적 · 직관적 관점과 치료자의 1인칭적 · 직관적 관점에 더해 이들 각자의 1인칭적 · 직관적 관점이 개방되어 나누어지는 것이 필요하다고 본다. 그 나눔을 통해 서로의 관점이 확인되고 다시 또 '나누기'와 '확인하기'가 이어지는 과정이 바로 사태 자체로 되돌아가 사태를 있는 그대로 엄밀하게 보는(조사하는) 것이라고 생각한다.

결론적으로, 나는 치료 장면에서 Husserl 현상학의 주요 내용이 실현되는 방식이 '나누기'와 '확인하기'라고 판단한다. 이러한 관점이 현재의 치료 장면에 시사하는 바는 매우 클 수 있다. 물론 이 관점의 어느 측면을 어느 정도 수용하느냐에 따라, 그리고 그것이 치료자와 내담자 집단에서 수용되는 여부에 따라 그 위력의 차이는 다양하겠지만 말이다.

제12장 주체적 실존치료 방법

다른 실존치료자들과 마찬가지로 내가 주체적 실존치료에서 사용하는 방법 혹은 기술 역시 현상학이 핵심이다. 따라서 앞에 제시한 치료자들의 방법 및 기술과 유사할 수밖에 없다. 이미 Husserl과 Heidegger를 비롯한 많은 현상학자와 실존철학자에 의해 풍부하게 제공된 재료들을 실존치료자들은 자기 나름의 방식으로 발췌하고 해석하여 본인의 치료에 활용하고 있다고 해도 과언이 아니다. 다만, 나는 항상 '원자료'를 강조하면서 '원자료로 돌아가기'를 주장하는 치료자로서 Husserl의 '엄밀성'과 '사태 자체로'라는 구호에 방점을 찍고 있음을 밝힌다. 그리고 주체적 실존치료의 가장 중요한 전제가 '연기(緣起)'인 것처럼, 주체적 실존치료의 방법에서도 이 연기의 전제가 잘 구현되는 것이 나의 주요 관심사임을 밝혀 둔다.

'방법(method)'은 어원상 '무엇을 얻기 위한 과정과 절차(meta+hodos)'이다(이종훈, 2017). 주체적 실존치료 방법에서 일차적으로 중요한 것은 이 치료가 '철학적 방법'을 추구한다는 점이다. 여기서 '철학적'이라는 말은 탐구(exploration), 조사(scrutinization), 질문(question) 등을 의미한다. 이러한 방법은 우리가 어떤 특정한 사안에 대해 특정한 답을 찾는 것을 가능하게 하지만, 그것이 이러한 방법이 궁극적으로 추구하는 바는 아니다. 근본적으로 이러한 방법은 최종적인 고정된 정답을 찾는 방법이라기보다는 지속적인 탐구와 조사와 질문으로 이어지는, 즉 연기적인 우리의 실존적 근본 조건과 양립하는 끊임없는 참구(參究)의 방법이다. 이것이 바로 내가 철학적 방법이라고 할 때의 '철학적'의 의미이다.

주체적 실존치료는 치료자로부터 일방적으로 정답과 해결책을 얻고자 하는 내담자보다는 치료자와의 만남을 통해 같이 알아보고 함께 궁리하면서 스스로 자신의 정답과 해결책을 찾고자 하는 내담자에게 더 효과적일 수 있다. 이미 존재하는 정답과 해결책에만 중요도를 두는 내담자는 끊임없는 참구의 과정을 지속하기 어려울 것이고 그 과정의 가치를 알고 체험하기도 힘들 것이다. 그러나 자기 힘으로 또 스스로의 노력으로 자신만의 정답과 해결책을 찾고자 하는 내담자는 지난한 참구의 과정을 견딜 수 있을 것이고, 그 과정의 가치와 의미를 체험할 가능성이 크다. 후자와 같은 내담자는 자신이 자기 문제의 주인이고자 하는 바람이 크기 때문에 비록 만족할 만한 정답과 해결책을 찾지 못할지라도, 그 전체 과정을 자신이 주체적으로 결단하며 이끌어 왔다는 것에서 오는 만족감과 자신이 치료자와 만들어 낸 결과에 대한 의미를 책임감 있게 취할 수 있다. 그리고 결국 이러한 과정, 즉 자기 결단과 책임의 성취 그 자체가 삶에서 가장 중요할 수도 있다는 것을 깨달을 수 있다. 왜냐하면 문제라는 것은 끊임없이 생기고 사라지므로 정작 삶에서 중요한 것은 그 수많은 문

제를 내가 어떻게 맞이하고 겪으면서 보낼 것인가와 같은 과정적 측
면이기 때문이다.

주체적 실존치료에서는 이처럼 '철학적 방법'이라고 할 수 있는 지
속적인 탐구, 조사, 질문 등의 방법이 큰 틀의 핵심이 된다. 달리 말
해 끊임없는 참구를 제외하고는 사실 주체적 실존치료의 방법에는
특정한 제한이 존재하지 않는다. 주체적 실존치료에서 선호되는 방
법이 존재하기는 하지만, 주체적 실존치료에서 사용해야만 하거나
혹은 사용해서는 안 되는 특정한 방법이 존재하는 것은 아니다. 중
요한 것은 치료자와 내담자의 합의이고, 합의된 방법이라면 어떤 것
이라도 사용할 수 있다.

이러한 전제를 바탕으로 주체적 실존치료의 방법을 정리하면 〈표
3-2〉와 같다.

〈표 3-2〉 주체적 실존치료 방법

나누기 (Sharing)	무지 (Un-knowing/ Not-knowing)	판단중지와 환원(Epoché & Reduction), 지평인지(Awareness of horizon)
	펼침 (Disclosing/ Unfolding)	원자료 경청(Listening for the raw source), 기술(Description), 균등화(Equalization), 우선순위화(Prioritization), 초점화(Focusing), 지평화(Horizontalization)

확인하기 (Verifying)	해체적 해석 (Deconstructive interpretation)	
	선택과 결정 (Choice & Decision)	
	합의와 계약 (Agreement & Contract)	

주체적 실존치료의 방법은 한마디로 '나누기(Sharing)'와 '확인하기(Verifying)'이다. 사실 나누기와 확인하기가 무엇을 의미하는 것인지만 명확하게 이해한다면, 세부적인 방법들의 이름을 군이 외워서 적용하려고 할 필요조차 없다. 그리고 여기서 중요한 것은 주체적 실존치료 제1의 전제가 '연기'인 것처럼, 방법에서도 내담자와 치료자의 '교호작용(交互作用)'에 초점을 두는 것이 핵심이라는 것이다. 만약 치료자가 주체적 실존치료 방법을 내담자를 '향해서' 혹은 내담자를 '위해서' 일방적으로 사용한다면, 그 방법 자체를 아무리 잘 사용했다고 해도 그것은 주체적 실존치료의 방법을 적용한 것으로 보기가 어렵다. 주체적 실존치료에서는 모든 방법(method) 혹은 기술(skill)의 적용에 '나누기'와 '확인하기'가 필수적인 전제요건이라는 사실을 잊지 않는 것이 무엇보다 중요하다. 이와 같은 점을 숙지하면서 주체적 실존치료의 방법 각각을 살펴보기로 한다.

1. 나누기: 자기를 개방하고 이해한 바를 공유하기

나누기는 내담자와 치료자가 자기를 있는 그대로 개방하고 이해한 바의 의미를 솔직하고 진솔하게 공유하는 것을 말한다. 주체적 실존치료에서 '치료'의 기본 의미가 '만남'이고, 주체적 실존치료의 정의에서도 결국 '참여'가 핵심이 되는 것처럼, '나누기' 방법은 주체적 실존치료에서 핵심적인 방법이다.

우선 나누기 방법에서 '자기'라는 것이 무엇인지 이해하는 것이 중요하다. 주체적 실존치료에서 '주체'와 '주체성'을 구분한 점을 상기할 필요가 있다. 내가 "나는 김은희이다"라고 말할 때 나는 내가 식물도 동물도 물건도 아닌 인간 존재자인 '나'라는 것을 알고, 그 나에 대해 '김은희'라고 부모가 지어 주고 사회에서 통용되는 이름을 사용하여 내가 누구인지를 안다고 생각하면서 말한다. 이때 나는 의식적·반성적·의지적 자기 결단의 측면, 즉 주체성을 개현하고 있다. 그러나 나는 이런 주체성 외에 무의식, 전(선)반성, 비(무)의지, 신체(몸) 등의 여러 측면은 물론이고, 내가 그 무엇으로도 이름을 붙일 수 없는 나와 연관된 수많은 알 수 없는 것들을 포함한 '주체'라 불리는 것이기도 하다. 나는 내가 나라고 아는 것(주체성)뿐만 아니라 나와 연결된 모든 신비와 수수께끼를 통칭하여 주체라고 지칭한다.

주체라고 할 때 이 주체는 어떤 특정한 무엇을 지칭하는 것은 아니지만 지칭될 수 있는 그 어떤 것으로도 드러날 수 있는 가능성의 나, 그리고 나와 연관된 모든 것을 의미한다. 바로 절대적 '가능성' 자체이다. 이것이 실존치료에서 '실존'의 의미이기도 하다. '밖에 나가 있다'는 실존의 뜻에서 밖이란 본질의 밖을 말하고, "실존은 본질에 선행한다"라는 Sartre(2008)의 말처럼, 나는 단지 있을 뿐이고 이 있음에 근거하여 본질은 각양각색으로 그때그때 우연적으로, 즉 가능성으로서 구성되는 것일 뿐이다. 내가 아는 나는 '주체성' 측면에서의 나일뿐 나는 '주체'가 무엇인지, 그것의 가장자리가 어디인지 알 수 없다. 따라서 나라고 할 만한 나가 분명하게 있으면서도 한편으로는 내가 모르는 나와 항상 내가 한 몸으로 함께 있기 때문에 나라고 할 만한 나가 없다고도 할 수 있다.

각 철학자마다 의미하는 바가 물론 다르지만, Heidegger(1997)가 현존재를 '세계-내-존재(sein-in-der-welt)'로, Merleau-Ponty(2002)가 인간의 실존을 '세계-에로-존재(être-au-monde)'로 정의한 것이나, Sartre(2008)의 '상호주관성(intersubjectivité)'과 Husserl(1997, 2002, 2013, 2019)의 '상호주관성(Intersubjektivität)' 모두 '나'라고 하는 것이 우리가 의식적으로 나라고 하는 것에만 국한할 수 없음을 나타내는 것이라는 단편적인 의미에서는 유사하다. 또한 "의식은 항상 무엇에 관한 의식으로서의 대상을 향해 있다"는 Husserl의 '지향성(Intentionalität)' 개념 역시 Husserl이 의식 삶의 생생한 흐름 전체를 통일성 속에서 파악하는 작업을 현상학의 과제로 삼은 것을 볼 때, 이는 "'합리론 대 경험론' '관념론 대 실재론' 등의 이원론 대립에서 벗어나 있는 개념"(이종훈, 2017)이라고 볼 수 있고, 이를 확장하여 생각하면 유아론(solipsism)을 타파하는 Husserl의 상호주관성 개념과 맥을 같이한다고 볼 수 있다.

결국 '자기(나)'라는 것은 신비와 수수께끼이고, 내가 의식적으로 명료하게 나라고 말할 때조차도 그 명료하게 드러나는 것과 동시에 드러나지 않는 나가 있으므로 자기를 개방한다고 할 때 그 '개방'에는 비은폐되어 드러나는 나와 은폐되어 드러나지 않는 나가 동시에 존재하는 것이다. 여기서 중요한 점은 비은폐와 은폐 혹은 개방과 폐쇄와 같은 이분법을 적용해서는 안 된다는 것이다. 만약 은폐를 마치 치료자가 분석해 내야 할 무의식과 같은 것으로 생각한다면 이는 오류를 범하는 것이 된다. 비은폐도 수많은 인연의 그물망으로서의 비은폐이고, 은폐도 수많은 인연의 그물망으로서의 은폐이며, 비은폐도 은폐도 나눌 수 없는 것을 그저 현전이라는 기준으로 나누는 것일 뿐, 연결되어 있다거나 분리되어 있다는 등의 말이 무색한 인연생기(因緣生起)일 뿐이다. 이 점을 숙지하는 것이 근본적으로 중요하다.

이렇게 볼 때 나를 개방한다는 것을 알면서 하는 개방은 주체성의 측면이고, 개방과 은폐라는 개념조차도 붙을 데가 없이 분위기나 느낌, 행동, 기운, 직감 등 알 수 없는 그 모든 것을 포함하는 전체는 주체라고 할 수 있다. 이런 이유로 주체적 실존치료의 과정은 그저 주체성의 개현, 발현, 부각일 뿐인 것이다. 치료자와 내담자는 각각 그의 지평을 갖고 있고 두 사람의 만남은 지평의 융합을 이루는데, 이때 우리가 명백한 현상으로 경험할 수 있는 것은 주체성의 측면일 뿐이다.

치료에서는 말이 주요 도구가 된다. 물론 비언어적인 것들이 존재하지만, 주체적 실존치료에서는 비언어적인 것들조차도 언어적으로 표현되어 드러나 확인되는 것이 중요하므로 결국 모든 것이 언어라고 할 수 있다. 침묵의 의미조차 말로서 나누게 되니 침묵조차도 언어화되는 것이다. 결국 말(언어)로 이루어지는 대화가 나누기의 핵심이고, 이것이 주체성의 개현이고 발현이며 부각이다.

그러나 볼 수도 만질 수도 없는 공기가 우리를 늘 감싸고 있는 것처럼 주체가 항상 우리의 저변에 자리하고 있다. 이는 Heidegger가 말하는 '기분(Stimmung)'과 관련해서 말해 볼 수 있을 것 같다. Heidegger(1997)는 "기분은 덮친다. 기분은 '밖'에서부터 오는 것도 '안'에서부터 오는 것도 아니며, 오히려 세계-내-존재의 방식으로서 이 세계-내-존재 자체에서부터 피어올라 온다. …… 기분은 그때마다 이미 세계-내-존재를 전체로서 열어 밝혀 왔고, 무엇에로 향함을 처음으로 비로소 가능하게 한다"라고 말한다.

물론 Heidegger가 말하는 기분이 내가 말하는 주체와는 다른 것이다. 하지만 Heidegger가 말하는 기분이 심리적이고 정서적인 상태를 의미하는 것이 아니라, 세계-내-존재인 현존재의 처해 있음이라는 현사실성(Faktizität)으로서의 실존, 즉 '거기에 있음'이 열어 밝혀지는 근본 양태라는 점에서는 내가 말하는 '주체'의 의미와 상통하는 부분이 있다고 생각한다. 어쩌면 주체는 내가 나라고 여기는 주체성의 존재론적 구조 같은 것으로 볼 수 있다. 물론 구조라는 말에서 어떤 고정된 형태나 범위가 있는 것을 상상하지 않는 것이 중요하지만 말이다.

이런 점을 고려할 때, 나누기 방법에서는 자기 자신의 지각, 생각, 느낌, 관점 등 명백하게 의식할 수 있는 것을 최대한 생생하고 면밀하게 개방하는 것이 중요하다. 자신이 이해한 바를 조작 없이 있는 그대로 표현하려고 하는 노력이 중요한 것이다. 동시에 내가 표현하고 개방하여 나누는 것이 내가 나누고 있는지를 알 수 없는 것들의 나누기를 이미 전제하고 있음을 아는 것이 중요하다. 한마디로 나눌 수 있는 것을 충분히 나누면서 동시에 내가 나눈다는 생각 없이 나누는 것이 있다는 것을 인지하는 것을 말한다. 주체성 측면에서의 나의 개방은 나의 주체의 개방과 나의 지평의 개방을 의미하고, 이는 다시 상대방의 주체성 측면에서의 개방과 상대방의 주체 그리고 지평의 개방을 의미한다. 이는 Gadamer(2012)가 공통된 지평이 생겨나는 것을 표현한 '지평융합'을 이루고 있는 이 지평의 장(field)의 확장과 변화, 움직임을 의미한다.

이것은 마치 나비효과(어떤 일이 시작될 때 있었던 아주 작은 변화가 결과에서는 매우 큰 차이를 만들어 내는 것)와 같을 수 있다. 단지 서로가 자신을 솔직하게 개방하여 나누는 참구(參究)의 벗이 된 것뿐인

데, 이것이 서로의 지평을 확장하고 변화시켜서 종국에는 나의 결단
을 통해 내 삶의 진정한 주인으로 나에 대한 책임을 성취하게 되는
결과를 가져오기 때문이다. 그리고 우리의 삶 자체가 이러한 결단의
연속이라는 것, 내가 결단하고 책임을 진다고 할 때 그 '나'는 이미
심리적이거나 생물학적인 닫힌 나가 아니라 모든 것과 연결된, 즉
인연생기하는 가능성으로서의 열린 나라는 것을 체득하게 된다. 나
이면서 동시에 나라고 할 수 없는 나인 것이다.

나누기와 관련해서 치료자들이 생각해 볼 만한 주제가 '공감
(empathy)'이다. 치료에서 가장 중요한 것을 꼽으라면 그 자리에 공
감을 위치시킬 치료자가 많을 것이다. 이는 내담자 역시 마찬가지이
다. 치료자에게 가장 원하는 것이 잘 듣고 공감해 주는 것이라는 점
은 상식처럼 여겨지기까지 한다. 그러나 우리는 공감을 매우 협소한
차원에서 생각하는 경향이 있다.

공감도 반영이라는 기술을 통해 교류하는 하나의 나누기라고 볼
수 있다. 그런데 대개 치료자와 내담자 모두 말로 공감을 표현하고
말로 공감을 받는 것에만 초점을 둘 뿐, 우리가 이미 서로의 지평을
공유하며 지평융합 상태에서 공명하고 있음은 간과하는 경향이 짙
다. 나는 나대로 따로 있고, 타자는 타자대로 따로 있는 상태에서 독
립된 실체인 내가 독립된 실체인 타자의 심정을 마치 그 사람의 입
장이 된 것과 같은 상태가 되어 그 사람처럼 느끼는 것을 공감으로
생각하는 것이다. 이는 주체와 객체를 구분하는 이원론에 근거한 설

명이고, 엄밀히 말하자면 이렇게 나와 너가 명확하게 경계 지어져 존재한다면 이미 우리는 함께 느끼는 것이 불가능함을 전제하는 것이나 마찬가지이다. 그러나 우리는 이렇게 따로 떨어져 있는 것이 불가능한 존재자들이다. Heidegger(1997)의 말처럼 우리는 이미 '세계-내-존재'이고 '공동존재(더불어 있음, Mitsein)'이며, '공동현존재(함께 거기에 있음, Mitdasein)'이다.

Heidegger(1997)는 '더불어 있음'을 현존재의 근본적인 존재구성틀인 세계-내-존재의 실존론적 구성요소의 하나로 보기 때문에 현존재가 결코 따로 떨어진 독립된 실체일 수 없는 '서로 함께 있음'이라는 존재 양식을 가지고 있다고 말한다. 따라서 독립된 실체로서의 '나'가 독립된 실체로서의 '너'를 공감한다는 등의 말은 존재론적(ontological)으로 볼 때 모순이다. 그러나 존재적(ontic)으로 우리는 '감정이입'이라는 말을 사용하는데, Heidegger는 "감정이입이 비로소 더불어 있음을 구성하는 것이 아니라, 오히려 더불어 있음에 근거해서 비로소 감정이입이 가능한 것이며, 더불어 있음의 우세한 결손된 양태들에 의해서 감정이입의 불가피함이 동기부여를 받고 있는 것이다"라고 말한다.

이는 우리가 감정이입과 공감 등을 이야기할 때 이분법적인 나-너 현상을 무시하지는 않지만, 그렇다고 해서 그러한 이분법을 당연하게 생각하는 것은 아니라는 것, 더 나아가서 이러한 이분법적 현상의 토대가 바로 '더불어 있음' '서로 함께 있음'이라는 점을 명확하게 드러내는 것이다. 우리는 단지 더불어 있음에 근거해서만 생생하게 상대방을 알 수 있고, 이 더불어 있음이 결손되었을 때 감정이입을 시도하게 되는데, 이 감정이입 역시 더불어 있음을 토대로 해서만이 가능한 것이다. Heidegger의 다음과 같은 말은 공감과 관련해서 시사하는 바가 크다.

> "더불어 있음에 근거해서 생생하게 서로 상대방을 알게 되는 것이 흔히 고유한 현존재가 그때마다 자기 자신을 얼마나 넓게 이해했는가에 달려 있다는 점은 분명히 논란의 여지가 없다. 그러나 그것은 단지 고유한 현존재가 타인들과의 본질적인 더불어 있음을 얼마나 넓게 스스로에게 투명하게 만들었으며 위장하지 않았는가를 말할 뿐이며, 이것은 현존재가 세계-내-존재로서 각기 이미 타인들과 더불어 있을 때에만 가능하다."(Heidegger, 1997)

치료자들은 자신이 내담자를 공감하지 못한다고 하면서 괴로워하는 경우가 많고, 내담자들은 치료자가 자신을 공감하지 못한다면서 불평하는 경우가 많다. 그러나 앞서 기술된 내용을 참조한다면 우리는 이미 공감하지 않을 수 없는 상태에 처해 있는 존재자들이다. 두 사람이 하나의 장에서 느끼는 모든 것은 이미 공감의 상태를 반영하는 것이다. 나는 공감한다(공감을 받는다)고 느끼든, 공감하지 못한다(공감을 받지 못한다)고 느끼든 그 모든 것이 이미 함께하는 장에서 함께하는 느낌, 즉 공감(共感)이라고 생각한다. 만약 공감을 '똑같은

(同)' 감정을 느껴야 하는 것으로 본다면 나의 말은 틀린 말이다. 그러나 공감을 '함께하는(共)' 감정으로 생각한다면 우리가 함께함으로써 불러일으키는 모든 감정이 공감이라고 볼 수도 있다. 비록 그것이 불편하거나 불쾌한 감정일지라도 말이다.

나는 공감의 문제를 좀 더 나누기의 측면에서 보기를 원한다. 이는 치료자가 내담자의 감정과 심정이 무엇인지 정답을 맞히는 것과 같은 작업을 공감으로 보지 않는 것이다. 그리고 내담자도 치료자가 자기와 같은 감정과 심정을 경험하고 표현하는 것만을 공감이라고 보지 않는 것이다. 그저 치료자와 내담자가 자신의 감정과 심정을 허심탄회(虛心坦懷)하게 펼치고, 또 상대방의 펼침에 대한 자신의 감정과 심정을 솔직하고 진술하게 펼치는 나누기의 과정 그 자체를 공감으로 생각하기를 바란다.

이러한 공감, 즉 나누기가 가능하기 위해서는 치료자와 내담자 모두 우리가 이미 지평융합 상태에 있다는 것과 나와 너는 따로 떨어진 실체이면서 동시에 분리될 수 없는 연관성으로 존재한다는 실존철학의 관점을 공유해야 한다. 더 나아가 주체적 실존치료의 전제인 인연생기를 수용하는 것이 중요한데, 이럴 때에만 우리는 끊임없이 서로의 이해, 곧 오해와 해석(관점)을 펼치고 확인하고, 또 펼치고 확인하는 것 외에 그 어떤 공감의 방법이 없다는 것을 인지할 것이기 때문이다. 모든 것이 연기하는 불확실성이라면 그저 그 과정에서 내가 취하는 관점을 순간순간 나누는 것이 전부일 것이다. 이 과정 이

외에 다른 것이 있을 수 없으므로 나누기 그 자체가 아닌 나눔의 내용, 즉 정확하게 공감했는가, 혹은 못했는가 하는 것에 집착하는 일은 없을 것이다. 오히려 얼마나 진심으로 솔직하게 나누기에 참여했는가 아닌가가 중요하게 될 것이다.

나는 Palmer(1988)가 "우리는 텍스트에 나타난 것을 관찰하고 파악하려 해서는 안 되며, 오직 텍스트가 말하는 바를 따르고 거기에 참여하며 귀 기울여야 한다"라고 한 말이 중요한 함의를 갖는다고 생각한다. 나는 이 말이 우리의 인식론적 · 존재론적 나누기를 포괄하면서도 그 안에 머물지 않고 항구적으로 인연생기하는 신비로운 나누기와 연관될 수 있다고 해석한다. 우리는 서로를 공감하고 이해하며 그 내용을 교류한다. 그러나 나와 너가 있음을 인식한 이후부터만 공감과 이해 현상이 나타나는 것이 아니라, 나와 너가 있음을 인식하기 이전에도 우리는 수많은 연결 요소에 의해 이미 공감과 이해를 하고 있었다. 또 하나의 장에 함께하는 이 순간에도 머리로 인식하며 교류하는 공감과 이해뿐만 아니라, 각자의 지평과 맥락이 인식 없이 교류되는 존재론적 공감과 이해가 존재한다. 그리고 우리는 그것이 무엇인지 도대체 지칭하여 알 수 없는 연기의 과정에 참여하므로 공동운명체로서의 공감과 이해를 이미 하고 있다.

한마디로 우리는 인식하면서 나누기를 하든, 인식하지 못하면서 나누기를 하든 나누기 상태를 벗어날 수는 없다는 것이다. 치료는 단지 나누기를 인식적으로 부각하는 작업일 뿐, 이 작업 역시 그 의미를 확정할 수 없는 절대적인 나누기의 한 양태일 뿐이다.

나누기 방법은 무지와 펼침을 포함한다. 무지는 다시 판단중지와 환원, 지평인지를, 펼침은 원자료 경청, 기술, 균등화, 우선순위화, 초점화, 지평화를 포함한다.

1) 무지: 모름의 앎, 앎이 없음을 앎

무지는 자연적 태도의 지각, 모름의 알아차림, 앎에 대한 의문과 개방성이다. 무지의 방법에는 판단중지와 환원, 지평인지가 포함된다.

Husserl은 모든 실증학문이 의심하지 않고 암묵적으로 수용한 일상적 삶을 특징짓는 형이상학적이고 인식론적인 가정들을 그저 받아들이는 태도를 '자연적 태도(natural attitude)'라고 부르고, "우리는 자연스럽게, 즉 '자연적 태도 속에' 표상하고, 판단하며, 느끼고, 욕구하면서 살아가는 인간으로서 우리의 고찰을 시작한다"(Husserl, 2009)라고 말한다. 한마디로 '자연적 태도'는 추호의 의심도 없이 당연하다고 여기기 때문에 우리가 그런 가정과 전제를 가지고 있다는 것조차 의식하지 못하는 그런 상태를 지칭하는 것이라고 할 수 있다.

무지는 이러한 자연적 태도를 지각하고, 어떤 현상에는 그것이 무엇인지 알 수 없을지라도 우리가 알지 못하는 측면이 항상 존재한다는 사실 그 자체를 알아차리려고 노력하면서 늘 새로운 앎에 대한 개방성과 유연성을 유지하려는 태도를 말한다.

무지는 Jaspers가 '알지 못함(Not-knowing)'(Spinelli, 2015에서 인용)이라고 명명한 것을 Spinelli가(1997)가 '모름(Un-knowing)'이라고 다시 명명한 것과 유사한 것이다. Spinelli(1997, 2015, 2016)는 모름을 "어떤 현상에 대해 최대한 개방적인 상태를 유지하려는 시도"라고 말한다. 어떤 현상을 볼 때 우리는 자신의 관점에 따라 바로 판단을 내린다. 그것이 친숙하고 익숙한 것일 때는 '저것은 무엇이다'라는 판단을 더욱 빨리 그리고 단호하게 내리면서 다른 가능성을 배제해 버리는 경향이 강하다.

그러나 이러한 자연적 태도는 우리 실존의 필연적인 측면이므로 이것을 제거하는 것은 불가능하다. 극단적으로 표현하자면 자연적 태도 없이 우리는 하루도 생존할 수 없을 것이다. 그러나 자연적 태도는 주체적 실존치료의 실제에서 큰 방해물이다. 예를 들어, 내담자가 '저는 우울해요'라고 말하면서 여러 가지 현상을 토로할 때, 치료자가 '우울'이라는 것에 대한 지식과 정보, 치료적 관점 등 즉, 자연적 태도를 확고하게 갖고 있으면 있을수록 바로 '이' 내담자의 우울이 아니라, '객관적이고 실증적인 누구나'의 우울을 가정하기 쉽다. 우울에 대해서 치료자가 가지고 있는 기존의 풍부한 지식과 경험을 바탕으로 내담자의 말을 듣고 진단하는 것이 바로 자연적 태도이다. 어쩌면 전문가란 자연적 태도의 고착이 최고점에 이른 사람을 칭하는 말일지도 모른다. 이와 같은 예는 셀 수 없이 많다.

주체적 실존치료는 '누구나의' 우울에 관심이 있지 않고 지금 내 앞에 있는 '바로 이 사람'이 '우울이라고 말하는 어떤 현상'이 무엇인지에 관심이 있다. 또한 '이 사람이 우울이라고 말하는 어떤 현상이 바로 이 사람에게 개인적으로 어떤 의미가 있는지'에 관심이 있다. 우울이라는 것이 당연히 어떤 것이라는 나의 자연적 태도를 지각하고, 내가 알고 있는 우울 현상이 바로 이 내담자의 우울 현상과 같을 수도 있고 다를 수도 있으며, 내가 모르는 어떤 것이 있을 수 있다는 사실을 알아차리면서 바로 이 내담자의 고유한 우울 현상에 대한 앎에 개방적인 상태가 되려고 시도하는 것이 '무지'이다.

① 판단중지와 환원

나는 다른 현상학적 실존치료자들과 마찬가지로 '무지'의 방법에 필수적인 것이 판단중지(Epoché, Suspension, Bracket)라고 생각한다. Husserl(2009)은 '판단중지(Epoché)'를 "괄호침(Einklammerung)" 또는 "배제함(Ausschaltung)"으로 표현한다. 이종훈은 판단중지로 해석되는 'Epoché'라는 용어에 대해 다음과 같이 말한다.

"스토아학파와 에피쿠로스학파의 독단론에 반발한 피론(Pyrron)의 회의(懷疑)학파에서 마음의 평정(ataraxia)을 얻으려면 모든 인식에 대한 판단중지가 필수적이라고 강조한 것에서 유래한다. 그러나 후설은 이 용어를 세계의 존재를 소박하게

> 전제한 자연적 태도의 일반정립에 깃든 확신과 타당성을 일단 배제하는, 즉 괄호
> 속에 묶는 독특한 현상학 용어로 사용한다. 요컨대 판단중지는 이미 정립한 것을
> 폐기하거나 그 확신을 변경시키지 않기 때문에 그 결과 아무것도 잃는 것이 없
> 다. 다만 이 판단중지를 거쳐야만 다양한 현상학적 환원이 가능한 예비절차라 할
> 수 있다."(이종훈, 2017)

이남인(2013)에 의하면 현상학에서 태도란 "어떤 주체 또는 다수의 주체들이 어떤 특정한 주도적인 관심에 따라 세계를 바라보고 그것을 대하며 살아가는 통일적인 관점"이다. 따라서 '자연적 태도'란 우리가 아무런 의심 없이 자연적으로 당연하게 전제하고 있는 "세계 및 세계 안에 존재하는 모든 대상을 향한 주체의 통일적인 관점"을 의미하며, '판단중지(에포케)'란 우리가 가진 전제와 편견, 선입견, 지식 등의 자연적 태도를 비롯한 특정 태도에 대한 괄호치기(배제하기)를 뜻한다.

이남인(2004)은 "어떤 지식 혹은 정립에 대해 판단중지한다 함은 일단 이러한 정립 속에서 주어지는 것이 절대적으로 확실하게 주어지는 것이 아니기 때문에 우리가 혹시라도 무의식적으로 그것을 절대적으로 확실하게 주어지는 것으로 간주하는 일이 없도록 일단 그것을 '괄호에 넣어서' 그에 대한 일체의 '판단을 보류'함을 의미한다"고 말한다. 이종훈(2014)은 "판단중지는 세계를 소박하게 전제한 자연적 태도에서 일반적으로 정립한 것에 깃든 확신과 타당성을 일단

괄호 속에 묶어 경험의 새로운 영역을 볼 수 있게 만드는 것"이라고 정의한다. 또한 Zahavi는 판단중지와 환원(Reduction)에 대해 다음과 같이 말하고 있다.

"판단중지는 우리의 소박한 형이상학적 태도를 갑작스럽게 유보하는 것을 지칭하는 용어이다. 후설은 종종 판단중지를 환원의 가능조건으로 이야기한다. 환원은 주관성과 세계의 상관관계를 주제화하는 용어다. 이것은 자연적 영역으로부터 그것의 초월론적 토대로 되돌아가게 하는(환원하게 하는) 길고도 어려운 분석이다. 따라서 판단중지와 환원 모두 자연적(자연주의적) 독단에서 우리를 해방하여, 구성하는(즉, 인식적인 의미를 부여하는) 우리 자신의 기여를 알게 하는 것을 목표하는 초월론적 반성의 요소들로 간주될 수 있다. …… 후설이 (내성주의(introspction)에 분명한 일격을 가하며) 반복해서 강조하듯이, 판단중지를 통과하지 않는다면, 우리는 아무리 철저하게, 그리고 아무리 주의 깊고 조심스럽게 반성하더라도 대상화되고 세속화된 경험만을 다루게 될 것이다. 다양한 연구 분야에서 직접적으로 나아갈 수 있는 실증학문과는 대조적으로 현상학이 탐구해야 할 영역은 즉시 접근되는 것이 아니다. 어떤 구체적 연구에 앞서 '자연적 태도'를 벗는 일종의 '방법론적 반성'을 이용하는 것이 필수적이다. 모든 초월적 선입견에 대한 방법론적 보류를 통해서만, 그리고 엄밀한 의미에서 일인칭적 관점에서 주어지는 것으로의 철저한 전향을 통해서만 초월론적 분석은 시작될 수 있다."(Zahavi, 2007)

Zahavi의 말은 우리가 치료에서 흔히 범하는 오류를 지적한다고

도 볼 수 있다. 몇 가지 오류의 예를 들어 보자. 치료자는 내담자가 일단 치료 장면에 오면 치료를 시작하는 것을 '당연하게' 생각한다. 내담자는 내담자의 역할을 하는 사람으로, 치료자는 치료자의 역할을 하는 사람으로 '당연하게' 생각한다. 그 역할이 무엇이라는 것도 '당연하게' 정해져 있다. 내담자가 우울증이라는 진단을 받았다면, 그 내담자를 우울증이라는 병을 가진 내담자라고 '당연하게' 생각한다. 내담자의 우울증이 무엇인지 자세히 알아보지 않고도 우리는 우울증이 무엇인지 안다고 '당연하게' 생각한다. 치료의 목표가 우울증을 완화 혹은 제거하는 것이라고 '당연하게' 생각한다.

우리는 셀 수 없이 많은 의심의 여지없는 당연한 전제들을 가지고 있다. 그것이 바로 우리의 전문성을 보증해 주는 것들이다. 내담자 역시 당연한 전제들을 우리와 똑같이 가지고 있다. 그리고 그 전제들을 기준으로 치료와 치료자를 평가한다. 판단중지는 이러한 당연한 것들, 즉 자연적 태도를 배제하고 괄호치는 것을 말한다. 그렇게 하기 위해서는 자연적 태도가 있다는 자체를 아는 것이 중요한데, 무지의 방법은 바로 이러한 자연적 태도의 지각을 포함한다.

Zahavi가 말하는 환원 역시 중요한 개념이다. 우선 우리는 현상학에서 말하는 환원이 심리학에서 말하는 환원주의(reductionism)와는 다르다는 것을 숙지해야 한다. 심리학에서의 환원주의는 다양한 현상을 하나의 기초 원리나 개념으로 설명하는 방식으로, 여기서 환원은 쪼개고 축소하는 등의 방식을 통해 근원적인 원인을 찾는 것으로 볼 수 있다. 그러나 Husserl에게 환원은 자연적 태도에서 보는 것과 동일한 방식의 봄을 제거하지 않고 그저 잠시 자연적 태도를 중단하고 의식으로 눈을 돌리는 것으로, 이는 사태의 원인이나 이유를 찾기 위한 것이 아니라 주관과 사태의 관련성을 전제하고 그 관계 구조를 찾기 위해 우리의 의식을 인식의 근원으로 되돌리는 것을 말한다.

이남인(2013)은 현상학적 환원이란 "태도변경"이라고 말한다. 앞서 제시한 것처럼 태도란 "세계 및 세계 안에서 존재하는 모든 대상을 향한 주체의 통일적인 관점"이다. 이남인은 여러 가지 태도가 있을 수 있으나, 모든 태도는 주체가 어떤 특정한 주도적인 관심에 따라 세계를 바라보고 그것을 대하며 살아가는 통일적인 관점이라는 공통된 특징을 가진다고 말한다. 따라서 주체가 어떤 특정한 태도를 취하면 세계는 그 태도에 의해 채색된 특정한 의미를 지닌 세계로 주체에게 현출한다는 것이다. 즉, 다양한 태도에는 다양한 유형의 세계가 대응하고 이러한 태도변경이 바로 현상학적 환원이다.

이종훈(2017)은 Husserl의 현상학적 환원을 "판단중지(세계의 존재를 소박하게 전제한 자연적 태도의 일반정립에 깃든 확신과 타당성을 일단 괄호 속에 묶어 경험의 새로운 영역을 봄)" "형상적 환원(개체적인 우연적 현상에서 '상상을 통한 자유변경', 즉 이념화 작용을 통해 보편적인 필연적 형상-본질-을 직관함)" "선험적 환원(의식에 대해 초월적인 대상을 내재하는 대상으로 환원해 대상과 본질적 상관관계인 선험적 자아와 그 체험영

역 전체-즉 선험적 주관성-를 드러내 밝힘)"으로 정리하고 있다.

쉽게 말해, 어떤 현상을 있는 그대로 직관하기 위해서는 우리의 특정 태도(특히 자연적 태도)를 판단중지하고, 태도를 변경하는 환원의 방법을 반복하는 것이 필수라고 볼 수 있다. 주체적 실존치료에서 엄밀한 숙련이 필요한 판단중지를 통해 '지금 무슨 일이 어떻게 일어나고 있는가? 그리고 그 일의 한 가운데서 나는 어떻게 존재하고 있는가?' 등을 원자료에 근거해서 철저하고 면밀하게 살피는 것이 바로 현상학에서 중요한 환원을 치료 장면에 적용하는 것이라고 볼 수 있다. 이는 자연적 태도에서 현상학적 태도로의 태도변경, 즉 환원을 실행한 것이기 때문이다. 이와 같은 판단중지와 환원을 통해 우리는 자기중심적 경향성과 습관을 인지하고 새로운 가능성에 자신을 개방하게 되며, 이는 다시 나와 나의 상황은 물론 타자와 세계에 대한 이해의 지평(horizont)을 확장하는 계기가 된다.

그런데 여기서 주의할 것은 Husserl이 말한 판단중지와 환원 모두 일차적으로 '혼자'하는 작업이라는 점이다. 예를 들면, Husserl은 '자신'의 의식 경험에 초점을 두고 '자신'의 의식에 주어진 사태 자체를 '자신'의 자연적 태도를 배제(판단중지)한 채 주관성과 세계의 상관관계의 초월론적 토대로 되돌아가는(환원) 길고도 어려운 분석을 '자기 혼자' 해 나간다. 그리고 Husserl에게 있어 판단중지와 환원의 궁극적 목적은 우리에 대해 존재하는 모든 것과 그 존재 영역보다 선행하는 존재 영역, 즉 절대적 주관성(초월론적 의식)으로 진입하는 것이다. 이것이 바로 Husserl의 현상학을 초월론적 현상학이라고 부르는 이유이며, Sartre와 Merleau-Ponty 등 여러 철학자가 비판했던 유아론 혹은 독단론적 측면이다. 이들이 Husserl의 전체 현상학을 잘못 이해한 부분이 있다고 해도 Husserl 역시 이런 비판으로부터 완전히 자유로울 수는 없을 것 같다.

　그렇다면 에포케(판단중지)와 환원을 치료 장면에서 구현한다는 것은 치료 장면에서 실제로 어떤 일이 벌어진다는 것인가? 나는 치료라는 것이 처음부터 내담자와 '같이 · 함께' 하는 작업이라는 점을 고려할 때, 현상학에서 말하는 에포케(판단중지)와 환원이 '나누기'의 형태로 나타날 수밖에 없다고 생각한다. 나는 이미 수많은 선입견, 지식, 이해, 관점, 해석, 감정 등을 가지고 있고 내담자도 마찬가지이다. 이것을 혼자 괄호치고 배제한다는 것은 한순간도 따로 떨어져 혼자일 수 없고, '같이 · 함께' 해야만 하는 치료 장면에서는 어려운 일이다. 따라서 치료 장면에서 '에포케(판단중지)'한다는 것은 지금 내가 지각하고 생각하고 느끼는 주관적 경험을 있는 그대로 개방하는 것이라고 나는 생각한다. 즉, '나누기'를 하는 것이다.

　내가 만약 나의 경험을 개방하지 않고 나누지 않는다면 이것은 나의 확고한 경험이 되고 내가 아는 것들이 되어 버린다. 즉, 모른다는 생각을 가지고 같이 알아보기에 열리는 '무지'의 상태가 될 수는 없는 것이다. 내가 아는 것이 정말 아는 것인지, 내가 모르는 것이 정말 모르는 것인지 등을 확인하기 위해서 우리는 자신의 경험을 개방하고 나누는 수밖에는 방법이 없다. 이것이 자신의 전제를 의문시하는 '무지'의 태도이고, 바로 이것이 나만의 앎에 집착하지 않고 새로운 가능성에 자신을 여는 에포케(판단중지)의 방법이다. 우리에게는 한 순간도 판단을 중지할 방법이 없기 때문에 판단의 내용 그 자체를 개방하고 나누면서 독단적인 판단의 힘을 빼는 것으로 현상학에서 말하는 자연적 태도에 대한 판단중지를 구현하는 것이다.

아마도 이 점은 다른 치료들은 물론이거니와 실존치료 안에서도 새로운 것일 수 있다. 많은 실존치료자가 에포케(판단중지)를 치료의 방법으로 사용하지만 여전히 혼자 하는 작업으로만 기술하고 있지, 에포케(판단중지) 자체의 적용 방식을 나와 같이 나누기 자체로 보지는 않는 것 같기 때문이다. 나는 '나누기' 방법이 치료 장면에서 발생할 수 있고, 실제로 발생하며, 발생해야 할 독특한 에포케(판단중지)의 양태라고 생각한다. 치료 장면에서 우리는 기존의 '혼자' 하는 에포케(판단중지)를 실시할 수 있다. 그러나 '같이·함께' 하는 에포케(판단중지) 또한 가능하고, 나는 같이 또 함께하는 에포케(판단중지)가 바로 '무지'에서 핵심이라고 본다.

'나누기'는 나의 앎을 고집할 수 없게 하고 나의 앎을 무지(자연적 태도의 지각, 모름의 알아차림, 앎에 대한 의문과 개방성)로 단박에 만들어 버리기 때문이다. 둘이 함께하는 만남에서 내가 이것을 경험하고 있다고 혹은 알고 있다고 느끼고 있다고 개방하면서 그것을 공동의 탐구의 장에 내놓는 것보다 더 엄밀한 에포케(판단중지)의 태도가 있을 수 없다는 것이 나의 생각이다. 그리고 이것이 바로 두 사람이 함께 열정적으로 알아보고 탐구하면서 현상의 의미를 끊임없이 밝혀가는 것과 같은 환원, 즉 반복적인 태도변경을 하게 만드는 재료이자 동력이다. 또 이것이 주체적 실존치료에서 나누기가 그토록 중요한 이유이기도 하다.

② 지평인지: 경험이 발생하는 틀(의미의 터) 인지하기

이렇게 판단중지와 환원을 실행하면 우리는 자연스럽게 자신의 지평을 인지하게 된다. 지평은 개인의 지각, 관점, 해석 등 그 자체 혹은 그러한 것들의 한계를 의미한다. 예를 들면, 우리의 관점이 곧 우리가 보는 것의 한계이므로 관점 그 자체와 한계 모두가 지평인 것이다. 이것 역시 인식론적인 측면에만 국한된 것이 아니라는 점은 마찬가지이다. 이종훈은 지평을 다음과 같이 정리한다.

> "그리스어 'horizein'(경계를 짓다)에서 유래하는데, 후설은 이것을 제임스가 의식의 익명성을 밝히려고 사용한 '언저리'(Fringe) 개념에서 받아들였다. 모든 의식작용에는 기억이나 예상과 함께 주어지는 국면이 있는데, 이것들은 경험이 발생하는 틀을 형성한다. 즉, '지평'은 신체가 움직이거나 정신이 파악함에 따라 점차 확장되고 접근할 수 있는 문화와 역사, 사회적 조망을 지닌 무한한 영역, 인간이 세계와 자기 자신을 항상 새롭게 이해할 수 있는 전제조건이다."(이종훈, 2017)

이남인(2004)은 Husserl이 '사물이 지닌 의미의 터'를 '지평'이라고 부른다고 말하고, Heidegger에게서는 존재자를 그러한 존재자로서 현출할 수 있도록 해 주는 존재자의 '터'가 곧 '지평'이라고 말하고 있다.

지평은 우리가 흔히 나의 세계 혹은 나의 경험이라고 말할 때 '나'를 둘러싸고 있는 모든 맥락(context)을 의미한다. 우리는 이 지평을 명료하게 인식하지 않고 살지만, 자연적 태도를 지각하고 모름에 대한 알아차림을 하면서 판단중지(당연히 나누기 양태의 판단중지를 포함하여)를 하게 되면 나의 지평(맥락)이 명확하게 인식되기 시작한다. 이렇게 되면 우리는 우리가 아는 것에 대한 확실성에 의문을 갖게 되고 이 탐구적 의문은 새로운 앎에 대한 개방성을 드러낸다. 지평의 인지, 즉 우리의 한계가 또 다른 앎의 세계를 여는 개방의 문이 되는 것이다.

지평인지에 있어서도 나누기 양태의 판단중지(에포케)가 얼마나 큰 역할을 할 수 있을지는 아마 설명이 필요 없을 정도로 자명하게 이해될 것이다. 내가 말로 무엇을 언급한다는 사실이 나누기 양태의 판단중지(에포케)이면서 동시에 나누기 그 자체이다. 이렇게 언급된 말이 타인에게 어떤 반응을 일으키고, 그 타인의 반응이 나와 공유되면서 다시 나에게 어떤 반응을 일으키는, 끊임없는 교환의 순환이 지평의 움직임이고 확장이며 흐름이다. 이런 과정에 대한 의식적이고 반성적인 인식이 바로 지평인지이다.

이 모든 태도, 즉 판단중지와 환원, 지평인지가 바로 주체적 실존치료의 첫 번째 방법인 '무지'에 속하는 것들이다. 그리고 동시에 이것이 바로 주체적 실존치료의 주요 방법인 나누기에 속하는 것이기도 하다.

2) 펼침: 원자료 중심의 명료한 드러내기

펼침은 어떤 현상을 원자료 중심으로 명료하게 드러내는 것이다. 여기서 '원자료'란 우선 발화된 말 그 자체이다. 그러나 드러난 표정이나 행동, 느낌이나 분위기 등도 원자료라고 할 수 있다. 내가 원자료라고 할 때의 핵심은 해석이나 분석, 평가나 판단 등의 이차적 과정이 가해지지 않은 일차적으로 그리고 즉각적으로 지각되고 포착된 자료를 의미한다. 그것이 치료자 측면에서의 경험 현상이든, 내담자 측면에서의 경험 현상이든 혹은 함께하는 장에서의 맥락적 측면이든 그 현상의 측면과는 별개로 현전하는 직관적 자료 모두를 말한다. 펼침에 속하는 구체적인 방법들을 알아보기 전에 우리가 유념해야 할 것이 펼침 역시 나누기 방법의 하나라는 사실이다. 무지에서와 마찬가지로 펼침에 속하는 모든 방법에는 이미 '나누기' 방법이 전제되고 있다는 것을 기억하는 것이 중요하다.

펼침에 대한 이해를 돕기 위해 '기술(묘사)' 방법 사용의 예를 들어보겠다. 치료자가 내담자가 호소하는 '우울'이라는 현상이 무엇인지

면밀하게 펼치고자 할 때, 내담자의 고유세계 경험을 드러나는 그대로 묘사하는 것이 기술이다. 예를 들면, 치료자는 내담자에게 우울 현상과 관련된 여러 가지 질문을 할 것이고, 내담자는 여기에 답하면서 자신의 세계를 자세하게 드러내 펼칠 것이다. 이때 중요한 것이 내담자의 1인칭적 관점에서 그 현상이 면밀하게 드러나는 것이다. 이런 목적 때문에 마치 치료자가 질문과 반영, 재진술과 요약 등 치료의 기본 기술들을 사용하여 일방적으로 내담자의 세계를 펼쳐 드러내는 것을 기술(묘사) 방법의 전부처럼 여기기 쉽다. 그러나 여기서만 그친다면 그것은 주체적 실존치료의 펼침에 속하는 기술(묘사) 방법으로는 완전하지 못하다.

독자들이 이미 짐작하겠지만, 주체적 실존치료에서 '치료'의 의미와 정의, 과정과 목표 모두의 토대가 되는 것은 바로 주체적 실존치료의 세 가지 전제, 특히 '연기'이다. 그리고 앞서 에포케(판단중지)와 관련해서 말한 바처럼 현재 실존치료자들이 사용하는 현상학적 방법은 현상학 자체의 충실한 적용이기는 하지만, 두 사람이 함께하는 치료 장면에서의 적용으로서는 일방적인 경향이 있다는 것이 나의 생각이다. 실존치료 이외에 다른 치료 접근들의 일방적 경향에 대해서는 더 말할 필요도 없다고 본다. 물론 점점 더 많은 치료 접근이 치료자와 내담자 간의 솔직한 관계를 중요시하고, 이전의 철저한 중립성이 이제는 상당 부분 사라지는 경향인 것은 확실한 것 같다. 하지만 여전히 치료라는 이름으로 행해지는 접근들은 도움을 받아야만 마땅한 내담자에게 치료자가 그 내담자에게 도움이 될 수 있는 실증적으로 검증된 방법들을 일방적으로 제공하는 것을 전문적이라고 표방하는 것이 실상이다.

주체적 실존치료는 이와 같은 일방적 기술(묘사)에 머물지 않는다. 예를 들어, 치료자가 "당신이 우울증이라고 명명하는 것이 어떤 현상을 말하는 것이냐?"라고 질문할 경우에 내담자는 자기 나름의 어떤 대답을 할 것이다. 내담자의 대답을 듣는 동시에 치료자 내면에서는 어떤 현상이 일어날 것이다. 만약 치료자가 내담자의 말을 듣고 '그 현상이 어째서 우울증이라는 것일까?'라는 생각이 들었다면, 치료자는 자신의 그 원자료를 내담자에게 개방할 수 있다. "당신이 우울증이라고 말하는 현상을 듣고, 저는 그것에 왜 우울증이라는 이름이 붙어야 하는지 의문이 든다"라는 식으로 말이다. 그러면 내담자는 치료자의 말에 또 자기 나름의 어떤 대답을 하면서 자신의 내적 경험이나 고유세계 경험을 더 면밀하고 자세하게 펼칠 것이다(다수의 내담자는 이런 치료에 대해 부정적일 가능성이 있고, 소수의 내담자만이 호기심을 가지면서 적극적으로 반응할 것이다). 물론 치료자의 말이 자신에게 어떤 현상을 불러일으키는지 말할 수도 있다.

이 예에서처럼 두 사람이 자신의 경험을 각자 혼자서 처리하는 것이 아니라, 서로 자신의 경험을 개방하면서 또 상대방의 반응에 대한 나의 반응과 나의 반응에 대한 상대방의 반응이 계속 교호적으로 교류되면서 어떤 현상에 대한 면밀한 기술과 묘사가 이루어지는 것이 주체적 실존치료에서는 중요하다. 이것이 바로 나누기로서의 기술(묘사)이다. 치료자는 일방적으로 내담자의 고유세계를 펼치고 기술하는 사람만이 아니라, 자신의 경험을 진솔하게 개방하고 나누면서 내담자의 고유세계를 펼치는 사람인 것이다(물론 이때 적지 않은 용기가 필요할 수도 있다).

  나는 사실 후자의 경우가 더 중요하다고 생각한다. 실존철학, 실존치료, 현상학 모두 '연관성(relatedness)' 개념을 공유하고 있고 주체적 실존치료의 핵심 전제가 불교의 '연기'라는 것을 상기해 보면, 내가 일방적 탐색이나 탐구가 아니라 나누기를 통한 교호적 탐색과 탐구를 더 중요하게 생각하는 이유의 근거는 충분할 것이다. 우리 각자는 물론이고 이 세상의 모든 것이 각기 독립적으로 따로 떨어져 홀로 존재하는 것이 아니라는 관점에서 보면, 나누기를 방법이라고 지칭하는 것이 어색할 정도이다. 왜냐하면 우리는 이미 나누기의 상태에 처해 있기 때문이다. 물론 이것은 '연관성' 혹은 '연기' 관점을 공유할 때에 해당하는 말임은 분명하다.

  기술(묘사)의 예에서 본 바와 같이, 주체적 실존치료에서 펼침은 보통 실존치료에서 의미하는 '일방적 펼침'과 '나누기를 통한 교호적 펼침' 모두를 포괄한다는 것을 기억할 필요가 있다. 펼침의 방법에는 원자료 경청, 기술, 균등화, 우선순위화, 초점화, 지평화가 포함되는데, 이 모든 방법에서 '나누기'는 기본적인 바탕이 된다. 즉, 펼침이라는 것은 '나의 펼침'과 '너의 펼침' 그리고 그러한 펼침을 통한

'우리의 펼침'이 있는 것이다. 이에 더해 우리가 인식하지 못하는 '이미 펼쳐져 있음'이 또한 늘 존재한다.

① 원자료 경청: 내담자의 말(언어)을 포함하여 드러나는(소여되는) 현상(사태) 그 자체를 있는 그대로 듣기

나는 Husserl의 '사태 자체로 돌아가기'를 본떠서 주체적 실존치료의 방법을 '원자료로 돌아가기'라고 말하곤 한다. 대개 내담자들은 힘들고 고통스러울 때 치료를 찾는다. 물론 간혹 당면한 큰 문제가 없는데도 치료자의 의견을 구하고 싶거나 치료자와의 대화를 통해 자신의 자각과 통찰을 확장하기 위해 치료에 오는 내담자도 있다. 또 드물기는 하지만 어떤 내담자는 그저 치료자와 이야기하는 것이 좋아서 치료에 오기도 한다. 어떤 경우이든 치료는 '말'이 중심이 되는 '대화의 장'이다. 따라서 말의 '내용'이 무엇인지를 아는 것이 기본이면서 가장 중요하다.

치료자들이 이 말의 내용의 중요성을 알고 있으므로 치료의 기본 기술 중에서도 경청(listening)은 항상 매우 중요한 기술로 손꼽힌다. 그러나 치료자들이 말의 내용 그 자체에 초점을 두기가 늘 가능한 것은 아니다. 내담자들이 자신의 힘든 상태를 감정적으로 쏟아내는 치료 장면에서 말의 내용에만 초점을 두는 것은 어렵기도 하지만 내담자들이 원하는 바와도 거리가 멀다. 내담자들은 대체로 치료자가

(내용을 잘 알지 못함에도 불구하고) 우선 무조건적으로 자신의 처지와 감정, 심정을 알아주면서 공감적으로 지지해 주기를 원하지(물론 그 후에는 치료자가 사정을 잘 알지 못함에도 불구하고 정답을 내놓기를 원하는 경향이 있다), 자신이 하는 말 자체를 있는 그대로 듣고 그 말의 의미를 면밀하게 펼치는 것은 원하지 않는 경향이 있다. 흔히 우리가 '척하면 척이지'라고 하는 것을 잘하는 치료자는 어려움이 덜하겠지만, '우선 무슨 사정인지 알아야지'라고 생각하는 치료자는 큰 어려움에 봉착할 때가 많다. 간혹 자신은 공감이 중요하지 않다고 말하는 내담자가 있지만, 그 말이 사실은 진심이 아니었거나 혹은 처음에는 진심이었으나 점차 아니었다는 사실을 깨닫는 경우가 드물지 않다.

치료자들이 말의 내용 그 자체에 초점을 두기 어려운 또 다른 중요한 이유는 치료자들이 가지고 있는 지식과 전제 때문이다. 보통 수련을 시작하면서 '경청' 기술을 배울 때 강조되는 것이 내담자의 말만 듣지 말고 말과 감정, 행동은 물론이고 말로 표현되지 않은 말의 이면까지 듣는 것이 중요하다는 점이다. 이를 적극적 경청 혹은 깊은 경청이라고 명명하기도 한다. 또 반영의 기술에서도 진정 깊은 공감적 반영 혹은 훌륭한 공감적 반영은 내담자의 말 그 자체를 반영하는 것이 아니다. 내담자의 드러나지 않은 감정은 물론이고 말로 표현하지 않은 생각까지도 마치 그 내담자의 입장에 선 것처럼 생각하고 느끼면서 그것을 반영하는 것이 깊고 훌륭한 반영이라고 학습

한다. 반영의 정의 중에는 내담자가 한 말을 치료자가 다른 참신한 말로 바꿔 주는 것이 포함되기까지 한다. 원자료를 중요시하기는커녕 원자료의 변형이 반영에 필수 요소로 등장하는 것이다.

이 말이 틀린 말이 아니고 이러한 경청과 반영이 중요하며 또 내담자에게 도움이 된다는 것을 인정하지 않을 수는 없다. 그러나 이런 경향이 짙어지면서 정작 가장 중요한 원자료인 말의 내용 그 자체는 간과되는 경우가 많다는 것이 문제이다. 치료자들은 단순하고 순진하게 내담자의 말을 드러난 언어 그 자체로 있는 그대로 듣고 반영하는 것을 치료자답지 못한 것으로 생각하고, 때로는 그렇게밖에 듣지 못하거나 반영하기 힘든 자신은 치료자로서 자격이 없다고 생각하기도 한다. 치료자가 내담자의 말을 앵무새처럼 아무 생각이나 감정 없이 듣거나 진심 어린 관심 없이 기계적으로 반영하는 것은 분명 바람직하지도 않을뿐더러 위험하기도 하다. 그러나 원자료인 말의 내용 그 자체를 무시하거나 간과하는 것에는 더 큰 위험이 도사리고 있다.

치료자는 자신이 의식하기도 전에 이미 내담자를 알고 판단하는 사람으로 군림하게 되는 것이다. 치료자 자신이 내담자보다 내담자에 대해 더 많은 것을 더 깊게 알 수 있고, 알아야 하며, 알고 있다는 착각에 빠지게 되는 것이다. 그 순간 내담자 문제의 주인은 내담자가 아니라 치료자인 양 되어 버리는 이상한 일이 발생한다. 어떤 치료자는 독심술이라도 있는 듯이, 내담자 스스로 자각하지 않는 내담자 문제를 확신에 차서 넘겨짚는 경우까지 있다. 내담자를 마치 자기 문제에 대한 인식이 없거나 혹은 아직은 그런 자각 수준에 다다르지 못한 사람처럼 취급하는 것이다.

내가 나의 삶과 나의 문제의 주인이 아니라면 도대체 누가 나의 삶과 나의 문제의 주인이 된다는 것인가? 내가 인식하거나 자각하지 못한다면 그 자체가 바로 나인 것이 아닌가? 나에게 닥치지 않은 현상을 어떻게 남이 단정할 수 있단 말인가? 내가 알지 못하고 내가 느끼지 못하며 내가 인식하지 못하고 내가 자각하지 못한다면, 바로 그것이 나 자체이고 나의 실존인 것이다. 그렇지 않은 내가 마치 진정한 나인 것처럼 생각하고 전제하는 것이 얼마나 우스운 일인가.

내가 모르는 또 다른 내가 있다는 불확실성을 확실하게 믿는 바람에 지금 여기에 존재하는 확실한 나는 갑자기 불확실성의 세계로 빠져 버리는 것이다. 이것은 어쩌면 주체성을 망각하고 포기하는 것이다. 그런데 역설적이게도 내담자들은 기꺼이 치료자에게 주인의 자리를 내주고 싶어 하는 경향이 있고(주인의 자리를 차지하지 않으려고 하는 치료자를 무능하다고 보기까지 한다), 치료자는 전문가라는 이름과 온갖 객관적이고 실증적인 자료의 기반 위에서 기만적으로 그 자리를 기꺼이 차지하고자 하는 경향이 있다(치료자는 내담자 문제의 정답이나 해결책을 갖고 있다고 믿고, 내담자는 이런 치료자를 전문가답고 유능하다고 생각한다).

이 글을 읽는 독자 중에 의아하게 생각하는 사람도 있겠으나, 의

외로 많은 내담자가 자기 삶의 문제를 자기가 처한 상황이나 다른 사람 탓으로 돌리곤 한다. 자신은 마치 아무런 힘도 영향도 없었던 사람처럼 자기 맥락의 책임성에서 자기를 제외시키면서 자신을 위로받아야 마땅한 피해자처럼 생각하는 경우 또한 적지 않다. 내 삶의 주인은 나라든가, 내 삶은 나의 책임이라는 등의 말은 상황이 좋을 때의 말이다. 치료를 찾는 많은 경우는 상황이 좋지 않을 때이고, 이때 자기 결단과 자기 책임의 부분을 명확하게 인식하고 있거나 혹은 인식하고자 노력하는 사람은 많지 않다.

나는 원자료만이 중요하다고 말하는 것이 아니라, 원자료의 중요성을 강조하고 싶을 뿐이다. 앞에서 말한 바처럼, 여기서 말하는 원자료는 일차적으로 내담자 말의 내용 혹은 발화 그 자체이다. 어떤 치료자들은 원자료를 중요하다고 생각하지 않는 경향이 있을 뿐만 아니라, 검사 결과와 진단명, 혹은 우리가 합의 하에 만들어 낸 온갖 유사-의학적 언어의 추상성과 피상성에 치중하여 원자료 자체를 무시하는 경향까지 있다. 이렇게 되면 우리는 고유하고 유일하며 독특한 한 사람의 사실적이고 구체적이며 실제적이고 현실적인 실존, 즉 그 사람의 지평(맥락)에서 바라보는 것을 못하게 된다. 우리는 결국 우리가 내담자라고 부르는 사람들을 우리가 내담자라고 부르는 사람들의 지평(맥락)에서 우리가 내담자들의 문제라고 부르는 것을 통해 '그 사람'의 실존이 아닌 '내담자들'의 실존을 보살피게 되는 것이다.

주체적 실존치료는 이러한 경향을 피하고자 하기 때문에 원자료 경청이 매우 중요하다. 물론 원자료 경청에 중점을 두는 것이 쉽지도 않고 내담자가 원하는 것이 아닐 경우가 더 많겠지만(내 경험도 그러하다), 그러함에도 불구하고 항상 '원자료'에 관심을 두는 노력을 놓지 않는 태도가 중요하다. 말로 드러나지 않는 것을 듣는 경청도 중요하겠지만, 주체적 실존치료에서는 말로 드러난 것 그 자체를 정확하고 면밀하게 잘 듣는 것이 무엇보다 중요하다. 그리고 치료자가 어떤 근거와 이유에서이든 내담자에게 확인되지 않은 사실을 짐작하고 추측하여 단정하는 것을 지양한다. 그것이 아무리 선하고 훌륭한 내용의 짐작과 추측일지라도 확인되지 않은 치료자만의 가설이나 가정, 단정 등은 주체적 실존치료에서는 지양된다. 이는 표정이나 행동 등 비언어적인 것에도 마찬가지로 적용된다. 치료자가 내담자에게 확인하지 않고 내담자의 어떤 표정이나 행동이 어떤 의미라고 혼자 단정하는 것은 지양되어야 한다.

요약하자면 원자료 경청은 '내담자의 말(언어)을 포함하여 드러나는 현상(사태) 그 자체를 있는 그대로 듣기'이다. 여기서 '있는 그대로 듣기'는 나타난 현상 그 자체를 치료자의 해석이나 분석, 채색 등의 조작 없이 듣는(보는) 것을 말한다. 그 말과 현상의 의미가 진정 무엇인지는 내담자와 치료자 간의 대화, 즉 나누기와 확인하기를 통해 드러나고 밝혀져 확정될 것이다. 언어 그 자체도 이미 해석이고 관점이며 상징이므로 당연히 해체되어 해석되고 이해될 필요가 있다. 그러나 그 전에 언어 그 자체를 드러난 그대로 포착하는 것이 먼

저이고, 이후에 그 언어를 사용한 주체들에게 이 언어의 뜻과 의미가 무엇인지 탐구하며 확인하는 과정이 뒤따르는 것이다. 결국 원자료 경청은 주체적 실존치료에서의 모든 현상학적 · 해석학적 작업의 기초적이고 기본적인 핵심 토대라고 할 수 있다.

② 기술: 경험하는(드러나는) 현상(사태)을 있는 그대로 묘사하기

기술(묘사)은 May 등(1958)이 최초로 유럽의 실존치료를 미국에 소개한 책인 『실존(Existence)』에 서술되어 있는 것처럼, 실존치료자들이 전반적으로 사용하는 주요한 현상학적 방법이다.

Husserl(2018)은 "어떤 방식에서 (한편으로) 법칙에 따른 발생의 현상학인 '설명하는' 현상학과 (다른 한편으로) 비록 생성되었더라도 가능한 본질의 형태들을 순수 의식 속에 기술하고 그 목적론적 질서를 '대상'과 '의미'라는 명칭으로 가능한 이성의 영역 속에 기술하는 현상학인 '기술하는' 현상학은 구별된다"고 하면서 발생적 현상학과 정적 현상학을 구분했다. Nitta(2014)는 "'정적 현상학'은 각각의 유형을 추적하면서 그것들을 질서 지으면서 체계화해 가는 기술을 가리키는 것이기에 '기술적 현상학'이라 불리고, '발생적 현상학'은 '설명적 현상학'"이라고 정리한다. 사상적으로는 발생적 구성이 정적 구성에 선행하지만, 이론(방법)의 면에서는 정적 구성이 발생적 구성에 선행한다고 정리하고 있다. Zahavi(2007)는 정적 현상학의 주된 과제가 "작용과 대상 간의 관계를 설명하는 것이다. 그것은 보통 어떤 특정한 대상 영역(가령, 이념적 대상이나 물리적 대상)을 출발점으로 삼고, 이러한 대상과 상관적으로 관계를 맺고, 이러한 대상을 구성하는 지향적 작용들을 탐구하는 것"이라고 말한다. 이남인(2004)은 정적 현상학의 과제를 "불명료하고 변양된 소여방식으로부터 명료하고 변양되지 않은, 즉 근원적인 소여방식으로 향하는 지향적인 소급지시관계를 분석하는 것"이라고 말한다.

쉽게 말해 기술은 우리 각자가 경험하는, 즉 드러나는 현상(사태)을 우리가 경험하는 그대로, 즉 1인칭적 관점(해석)에 따라 서술하고 묘사하면서 그 현상의 타당성을 우리 스스로 근원적으로 밝혀 가는 것이다. 그런데 경험하는 현상 자체가 1인칭적 관점에서 부여되는 해석 자체이므로 경험하는(드러나는) 현상을 있는 그대로 기술한다는 것은 달리 말해 한 사람의 1인칭적 관점(해석)을 묘사를 통해 충분한 타당성을 갖춘 현상으로 재구성한다는 것이다. 여기서 중요한 것은 외부적인 어떤 요소, 즉 일체의 이론이나 해석, 판단과 분석, 가정과 가설 등을 배제하고 한 개인이 자신의 경험을 스스로 펼치고 묘사하면서 그 내용에 대해 스스로 타당성을 부여하는 것이 핵심이라는 사실이다. 즉, 스스로 '그렇구나'라고 이해할 수 있을 만큼 명확한 타당성을 스스로 획득할 때까지 현상의 기술하기는 반복된다. 이런 점 때문에 Husserl의 현상학이 '기술적(descriptive) 학문'(Zahavi, 2007)으로 불리기도 하는 것이다.

　　Cooper(2003, 2017)는 실존치료를 분류하면서 기술적인(descriptive) 실존치료와 설명적인(explanatory) 실존치료를 구분한다. Sousa(2016, 2017)는 Husserl의 정적 현상학(Static Phenomenology)을 기술적 (descriptive) 방법으로, 발생적 현상학(Genetic Phenomenology)을 해석 학적(hermeneutic) 방법으로 분류하면서 기술(description)을 정적 현 상학에 위치시키고 있다. 여기서 기술은 내담자의 경험과 세계관, 구 성된 의미, 침전된(sedimented) 이슈, 믿음 등을 묘사하는 것이다. 중 요한 것은 현상학적 기술이라는 것은 어떤 현상을 결정론적인 현상 으로 보면서 설명하는 시도를 하지 않는 것이고, 좋은 기술이란 어떤 사태를 가능한 한 면밀하고 자세하게 묘사하는 것을 말한다.

　　Spinelli(1994)는 내담자의 명백하게 드러난 말에 대해서 그 말 자 체가 아니라 그 말 속에 숨겨져 있는 드러나지 않은 의미를 찾으려 고 하는 분석적 해석(analytical interpretation)과 드러난 그 말 자체 에 초점을 두고 그 말이 내담자에게 의미하는 바가 무엇인지를 찾 으려고 하는 기술적 해석(descriptive interpretation)을 구분한다. 또 한 Spinelli(2005, 2015)는 현상학적 방법을 에포케 규칙, 기술 규칙, 지평화(균등화) 규칙으로 요약한다. 기술 규칙은 내담자가 생생하게 실제로 경험하고 있는 것을 자신의 말로 가능한 한 구체적으로 묘사 하는 것이다. 여기서 중요한 것은 치료자가 내담자가 묘사하고 기술 하는 그 내용이 아닌, 자신의 이론이나 가설을 가지고 내담자의 말 과 경험을 설명하거나 변형시키거나 간과하지 않는 것이다. Spinelli

는 이러한 기술 규칙의 본질을 "기술하라, 설명하지 마라(Describe, don't explain)"(Spinelli, 2015; Cooper, 2015에서 인용)로 요약하고 있다. 이는 삶은 삶 자체로 이해해야 한다고 역설한 Dilthey가 자연과학은 자연을 설명하는 데 반하여 정신과학은 삶의 표현을 이해하는 것이라고 하면서 설명이 자연과학의 핵심 개념이고 정신과학의 핵심 개념은 이해라고 주장했던 것(Palmer, 1988)과 맥을 같이한다.

Deurzen(2016) 그리고 Deurzen과 Adams(2016)는 Husserl의 현상학적 환원 방법에서 기술을 "설명(explanation)이나 해석(interpretation)이 아닌 이야기하기"로 요약하면서 치료 장면에서 "분석하기(analysing)나 설명하기(explaining) 대신 기술(description)"에 충실할 것을 강조하고, 빨리 결론에 이르고자 하지 말고 관찰하고 기록하고 살펴보고 기술하는 이 똑같은 과정을 계속해서 인내심을 가지고 반복하라고 요청하고 있다. 이야기가 계속 진행됨에 따라 어떤 변형이 일어나고 그런 과정을 통해 중요한 본질들이 스스로 드러나는 것이 보일 때까지 이 반복을 지속하라는 것이다. Deurzen은 설명이 치료자의 혼란을 덜기 위한 것이지 내담자를 위한 것이 아닐 뿐만 아니라, 치료자의 설명이 오히려 내담자의 혼란을 가중시키기도 한다는 사실을 언급한다.

기술(묘사)은 실존치료자들이 현상학으로부터 가장 빈번하게 차용하는 것 중의 하나이다. 예를 들어, 치료자들은 대체로 내담자가 어떤 진단명이나 혹은 우리에게 너무나 익숙한 문제를 토로할 때 그것이 무엇인지 안다고 생각한다. 그러나 주체적 실존치료에서 내담자는 내담자라고 통칭되는 '내담자'가 아니라 '유일하고 독특하며 고유한 특정한 한 개인인 내담자'이고, 문제는 통용되는 진단명이나 개념적인 이름으로 지칭될 수 있는 '병리적 혹은 일반적인 문제'가 아니라 '한 개인이 그의 삶의 맥락에서 유일하고 독특하며 고유하게 경험하는 그만의 특정한 문제'이다. 그러므로 내담자가 호소하는 문제가 무엇인지를 알기 위해서는 '그 개인'과 '그 개인의 문제'는 물론이고 '그 개인과 그 개인의 문제의 맥락'을 면밀하게 기술하고 또 기술할 필요가 있다. 이것은 비단 내담자의 호소문제에만 국한된 것은 아니고 치료 장면에서 주제화되는 모든 것에 적용되는 말이다.

호소문제와 관련해서 단순한 예를 하나 들어 보자. 어떤 내담자가 우울증이 있다고 말할 때, 치료자가 "그렇군요" 하며 마치 그 내담자의 우울증이 무엇인지 아는 것처럼 생각하고 더 이상의 자세한 탐색을 하지 않는다면, 그것은 기술하지 않는 것이다. 이런 치료자에게는 이미 우울증에 대한 고정된 설명의 틀이 존재하고, 치료자가 그것을 확고하게 믿고 있는 것이기 때문이다. 주체적 실존치료자는 "당신이 말하는 우울증이라는 것이 무엇입니까?" "당신이 우울하다고 말할 때 그것은 어떤 현상들을 말하는 것입니까?" "왜 당신은 그것들에 우울증이라는 이름을 붙였습니까?" "그 현상들을 우울증이라고 정의할 때 그것이 당신에게 의미하는 바는 무엇입니까?" "당신 스스로 그 현상을 우울증이라고 확정할 수 있겠습니까? 아니면 다르게 생각해 보거나 이름을 붙이거나 할 여지가 있습니까?" "어떤 맥락에서 그런 현상들이 나타나고 혹은 사라집니까?" "당신이 우울이라고 말하는 그 현상들이 당신에게 어떤 영향을 미치고 있습니까?" "언제부터 그 현상들을 우울증이라고 불렀습니까?" 등 여러 가지 질문을 통해 내담자가 우울증이라고 말하는 현상을 그 내담자의 말과 생각과 감정 등의 맥락에서 자세하고 명확하게 드러내기 위해 노력한다(이런 질문들을 한 번에 모두 한다는 뜻은 아니니 놀라지 않기를 바란다. 이런 식의 질문을 통해 내담자의 고유한 경험 내용을 면밀하게 기술하고 묘사한다는 것이 핵심이다). 물론 기술이 질문을 통해서만 이루어지는 것은 아니다. 우리가 흔히 치료의 기본 기술들(skills)로 사용하는 경청, 반영, 재진술, 요약과 정리 등 내담자의 원자료를 펼치는 데 도움이 되는 것들이 기술의 수단이 될 수 있다.

주체적 실존치료자가 의도하는 것은 우리가 쓰는 일반적, 개념적, 관념적, 추상적, 과학적인 '모든 사람'의 현상과 의미를 주관적, 개별적, 현실적, 실제적, 사실적인 '한 개인'의 현상과 의미로 기술하는 것이다. 기술을 통해 치료자는 내담자가 펼치는 원자료를 얻게 되고, 이 원자료는 주체적 실존치료의 가장 중요하고 기본적인 자료가 된다. 주체적 실존치료에서는 공인된 자료일지라도 누구나의 자료는 내담자의 원자료에 비해 의미가 적다. 또 각종 방식으로 채색된 이차 혹은 삼차 자료는 근본적으로는 큰 의미가 없다. 오직 내담자가 자신의 것으로 소유하고 책임지면서 서술하고 묘사하는 자료만이 의미가 있는 것이고, 그것이 바로 원자료라고 불리는 것이다.

기술은 이 원자료들을 자세하고 면밀하게 펼치는 작업이다. 즉, '경험하는(드러나는) 현상(사태)을 있는 그대로 묘사하기'가 기술이다. 기술에서 가장 중요한 것은 설명하지 않는다는 전제이다. 이 설명에는 내담자의 1인칭적 관점으로부터 묘사된 것을 제외한 모든 것이 포함된다는 것도 잊지 말아야 한다. 설명의 타당성이나 합리성 등 그 어떤 것도 설명의 필요성에 대한 변명이 될 수 없다.

③ 균등화: 각각의 현상에 동등한 중요도 부여하기

균등화는 내담자가 말하는 각각의 현상에 대해 동등한 중요도를 부여하는 것이다(Spinelli, 2015; Deurzen, 2016; Deurzen & Adams, 2016). 호소문제로 예를 들자면, 내담자가 치료에서 다루고 싶은 문제를 우울, 무기력, 진로, 가족, 자살로 호소했을 때, 치료자가 이 다섯 가지 문제 모두에 대해 동등한 정도의 중요도를 부여하는 것을 말한다. 만약 치료자가 이 다섯 가지 문제 중 특별히 자살에 중요성을 두고 자살과 관련한 질문으로 대화를 이끈다면 이는 균등화에 실패한 것이다.

치료자는 자신이 개인적으로 심각하다고 생각하는 문제 혹은 자신이 지향하는 이론적 관점에서 중요하다고 생각하는 문제 또는 사회에서 중대한 문제라고 생각하는 문제 등에 자연스럽게 더 큰 중요도를 부여할 가능성이 언제나 있다. 어떤 경우는 내담자는 그에 대해 아무 말도 하지 않았음에도 불구하고 의뢰를 한 사람이 심각하다고 미리 언급한 문제에 더 큰 중요도를 부여하기도 하고 혹은 중독이나 범죄 이력 등 본 치료와 상관없는 내용에 중요도를 더 부여하기도 한다.

치료자가 내담자의 호소문제 모두 각각에 똑같은 중요도를 부여하지 못하는 이유는 매우 다양하다. 그리고 때로는 그 이유가 합리적이고 바람직하며 충분히 타당한 경우도 많다. 그러나 주체적 실존치료에서는 이유를 불문하고 내담자와의 합의 없이 특정 호소에 치료자가 혼자서 중요도를 부여하는 것은 지양된다. 여기서 나는 호소문제를 예로 들어 균등화를 설명하였지만, 치료 과정 내내 모든 주제화된 내용에 대해 균등화 방법을 잘 적용하는 것이 중요하다.

무엇이 중요한 문제인지 그렇지 않은지를 결정할 권리와 책임은 일차적으로 내담자 본인에게 있다. 그리고 치료자는 그 결정에 대해 동의하거나 동의하지 않을 권리와 책임이 있다. 두 사람의 합의만이 치료에서 중요한 문제인지 아닌지를 결정할 수 있는 척도이다. 그리고 바로 균등화가 이러한 작업을 위한 필수 요건이다.

④ 우선순위화: 균등화한 현상들의 우선순위 평가하기

우선순위화는 각각의 현상에 대해 동등한 중요도를 부여했던 균등화와는 달리, 각각의 현상에 대해 중요도에 차등을 두면서 우선순위를 정하는 것을 말한다. 우선순위화의 기준은 다양할 수 있다. 가장 중요하다고 생각하는 문제 순으로 우선순위가 설정될 수도 있고, 가장 심각하다고 혹은 가장 시급하다고 생각하는 문제 순으로 우선순위가 설정될 수도 있다. 이처럼 우선순위를 설정하는 기준은 다를 수 있지만, 그 기준에 따라 각 현상의 위치를 결정하는 사람이 오직 내담자뿐이라는 사실은 불변한다(물론 내담자가 치료자에게 우선순위를 정해 달라고 주체적으로 결정하여 요청하고 이것이 치료자에게 수용되어 두 사람 간에 명확한 합의가 이루어진다면, 우선순위를 정하는 것이 치료자의 몫이 될 수 있다).

자발적으로 치료에 온 내담자의 경우에는 우선순위화 과정이 좀 더 수월할 가능성이 있다. 물론 자발적으로 치료에 온 내담자일지라도 치료 장면에서 무슨 이야기를 할지조차 결정하지 못하는 경우가 있기는 하다. 하지만 자발적으로 치료를 신청한 내담자는 치료를 신청하게 된 이유와 계기가 자신에게 있으므로 중요한 순위이든, 심각한 순위이든, 혹은 시급한 순위이든 본인의 우선순위가 이미 존재할 가능성이 크기 때문에 우선순위화 과정이 비자발적인 내담자에 비해 순조로울 확률이 높다.

그러나 권유나 강제로 치료에 오게 된 내담자의 경우, 처음부터 호소문제 자체가 없다거나 치료 장면에서 할 이야기가 전혀 없다고 말하는 경우도 있고, 치료를 권유한 주변 사람들의 호소문제를 나열하거나 법원 명령 등의 사안을 불만스럽게 토로하기도 한다. 이런 경우일지라도 그 주어진 조건 내에서 최대한 내담자가 주체적으로 호소문제의 우선순위를 설정하는 것이 중요하다. 그리고 치료 과정 중에도 주제화되는 내용들에 대해 내담자의 주체적인 우선순위화가 잘 이루어지는 것이 중요하다.

우선순위화에서 치료자가 무엇보다 주의할 점은 법원 명령 등의 강제력이 있는 호소문제이든, 치료를 권유한 사람의 호소문제이든, 심각한 정신병 진단 내용이 호소문제이든, 그러한 외적 요소에 흔들리지 않고 우선순위화의 주인이 일차적으로 내담자라는 사실을 잊지 않는 것이다. 만약 내담자의 우선순위에 치료자가 동의하기 어렵다면, 치료자는 자신의 의견을 내담자와 나누고 둘 사이의 합의를 도출하는 노력을 해야 한다. 겉으로는 내담자의 우선순위를 존중하는 척하면서 속으로는 자신의 우선순위를 따로 가지고 있다거나, 내담자의 우선순위가 아닌 치료자 자신의 우선순위를 내담자와의 합의 없이 독단적으로 우선시하는 것은 주체적 실존치료에서 배제된다.

가장 중요한 것은 내담자의 주체적 결정이다. 이후 내담자의 결정에 대해 치료자가 자신의 의견을 투명하게 개방하고 나누면서 함께 우선순위를 조율하고 합의해 가는 것이다.

⑤ 초점화: 초점을 둘 현상(주제, 문제)을 결정하기

초점화는 어떤 현상(주제, 문제)에 치료의 초점을 둘 것인가를 결정하는 것이다.

우선순위화 과정을 거치게 되면 내담자에게 중요하거나, 심각하거나, 혹은 시급한 문제의 우선순위는 자연스럽게 결정된다. 이때 치료자는 우선순위의 가장 위에 놓인 문제를 치료의 주제로 삼는 것을 당연하게 여기기 쉽다. 내담자도 명료한 선택이나 결정 없이 자신이 우선순위의 가장 위에 위치시킨 문제를 치료 주제로 삼는 경우가 많다. 그래서 그 문제가 본 치료에서 지금 다루고 싶은 혹은 다루어야 할 주제인지에 대한 명확한 인식 없이 치료자와 내담자 모두 치료를 진행할 가능성이 있다. 이것은 명백한 실수이다.

내담자가 어떤 것을 자신에게 가장 중요한 문제, 심각한 문제, 혹은 시급한 문제라고 생각한다고 해서 그것을 지금 이 치료 시간에 다루고 싶은 주제로 반드시 선정하는 것은 아니다. 내담자는 여러 가지 상황과 조건을 고려하여 초점을 둘 주제를 주체적으로 다양하게 결정한다. 때로는 우선순위화 과정을 거친 후에 치료자가 본 치료 장면에서 어떤 것을 주제로 삼고 싶은지 물을 때, 내담자는 이제까지 그런 생각을 하지 않았다는 것을 깨닫고 깊이 생각해 보기도 한다. 따라서 치료자가 명확한 확인과 합의 없이 성급하게 우선순위화 결과에 따른 주제를 선정한다면, 이는 내담자가 정말 이야기하고 싶은 주제를 다루지 못하게 되는 결과로 귀결될 수 있다.

독자 중 누군가는 그렇다면 내담자가 그 이야기가 내가 하고 싶은 이야기가 아니라고 말할 수 있지 않겠냐고 반문할 수 있다. 물론 그런 내담자가 존재한다. 그러나 어떤 내담자는 우선순위화의 위에 위치하는 문제가 늘 자신의 주요 문제이기 때문에 그 문제를 다루는 것도 나쁘지 않다고 생각하면서 지나치는 경우가 있다. 또 여러 가지 다른 이유로 자신의 의견을 표현하지 않기도 하고, 어떤 경우에는 지금 이 시간에 무엇을 주제로 할 것인가와 같은 주체적 결정과 관련한 생각 자체에 대한 인식이 없기도 하다. 따라서 주체적 실존치료에서는 균등화와 우선순위화 그리고 초점화 방법 모두에서 면밀하고 명확한 '나누기'와 '확인하기'를 강조한다.

⑥ 지평화: 현상의 맥락과 의미를 개인의 관점(해석)과 그 개인의 지평을 중심으로 다각도로 탐색하기

Deurzen(2016)은 지평화를 "관찰의 한계와 맥락을 인식하기"로 정의하면서 우리가 볼 수 있는 것이 한계가 있다는 것과 자신의 특정한 관점이 맥락과의 관련성 내에 존재한다는 것을 인식해야 함을 강조하고 있다. Deurzen과 Adams(2016)는 지평화를 내담자의 세계관을 맥락화(contextualization)하는 것으로, 즉 맥락과 지평을 연결시키고 있고, Adams(2019)는 지평화(맥락화)는 괄호치기(에포케)를 통한 명료화하기(clarifying)와 해석 및 도전을 통한 확인(verification) 사이의 다리(bridge)라고 표현한다. 괄호치기(에포케)를 통해 탐구된 자료들이 맥락 또는 지평에 따라 펼쳐지게 되면 그 펼쳐진 내용은 다시 해

석과 도전 등의 확인 과정을 거치면서 분명하게 검증되므로 지평화
가 괄호치기(에포케)와 확인 사이의 다리 역할을 한다는 것이다.

지평은 '경험이 발생하는 틀(터)'이고, 우리가 무엇을 경험한다고
할 때 그 경험과 경험에 대한 이해의 '전제조건'이며, 하나의 '관점'이
라고 할 수 있다. 달리 말해 지평은 "우리의 사고가 이루어질 수 있
는 바탕이 되는 관계구조"(Palmer, 1988)이다. 따라서 지평화는 일차
적으로 내담자의 다양한 인식론적 · 존재론적 경험 내용을 내담자
중심 맥락 내에 면밀하게 펼치는 것이라고 할 수 있다. 이처럼 맥락
과의 관련성을 중심으로 한 펼침은 이전의 지평과 새로운 지평의 변
증법적 운동 혹은 순환을 의미하므로 이 자체가 지평화이다.

더불어 자신의 지평과 대립하거나 새로운 지평에 직면할 때 또는
과거 지평과 양립할 수 없는 현재의 지평에 직면할 때, 우리는 이런
다양한 지평을 맥락을 중심으로 펼치면서 이것에 대해 심사숙고하
게 된다. 이 같은 지평의 융합과 분해 그리고 재융합과 재분해 과정
을 반복하면서 우리는 지평의 인지와 지평의 확장을 끊임없이 지속
한다. 내담자는 자기 자신의 내적 맥락 내의 지평융합과 분해뿐만
아니라 치료자라는 타인과의 공동 맥락 내의 지평융합과 분해를 반
복한다. 이는 치료자의 경우도 마찬가지이다.

Palmer(1988)는 물음과 대답의 변증법을 '지평 간의 융합'이라고
하고, Gadamer(2012)는 공통된 지평이 생겨나는 것을 '지평융합'이
라고 하는데, 이 역동적인 움직임이 바로 지평화(맥락화)이다.

이상으로 주체적 실존치료의 두 가지 주요 방법인 '나누기(Sharing)'
와 '확인하기(Verifying)' 중 '나누기'에 속하는 방법들의 서술을 마
쳤다. 나누기 방법에는 '무지(Un-knowing/Not-knowing)'와 '펼침
(Disclosing/Unfolding)'의 두 가지 방법이 속한다. 그리고 무지에는 '판
단중지와 환원(Epoché & Reduction)' '지평인지(Awareness of horizon)'
가 포함되고, 펼침에는 '원자료 경청(Listening for the raw source)' '기술
(Description)' '균등화(Equalization)' '우선순위화(Prioritization)' '초점화
(Focusing)' '지평화(Horizontalization)'가 포함된다. 이제 주체적 실존
치료의 두 번째 주요 방법인 '확인하기'를 서술하겠다.

2. 확인하기: 면밀하게 펼쳐진 사태(현상)에 대한 다각도 의 탐구, 즉 해체와 해석을 통해 명료하게 밝히면서 이 해하고, 이해한 바를 토대로 선택과 결정을 한 후, 이 에 대해 명확한 합의와 명시적인 계약을 실행하기

확인하기는 우선 펼치고 해체한 내용을 명확하게 증명하면서 이
해하는 것을 말한다. 면밀하게 펼쳐진 내용을 다시 또 해체하면서
해석하는 과정을 통해 우리는 이 사태(현상)가 자신에게 무엇을 의
미하는지가 더욱 명확하게 반복적으로 증명되는 것을 경험한다. 물
론 확인의 과정이 말의 나누기, 즉 상호적 대화를 통해 진행되는 것

은 당연하다.

주체적 실존치료에서는 비언어적 방식을 통한 검증이나 확증은 확실한 확인이라고 여기지 않는다. 비언어적 방식을 통한 확인이 존재하지 않는 것도 아니고 많은 경우 언어적 교류를 통한 확인이 어려운 것도 사실이지만, 주체적 실존치료에서는 언어적 소통을 통한 확인을 우선시한다. 비록 언어적 확인이 어려운 상황일지라도 치료자가 언어적 교류를 통한 확인을 추구하는 태도를 견지하는 것은 주체적 실존치료에서 매우 중요하다.

Deurzen과 Adams(2016)는 확인(verification)을 해석과 비슷한 개념으로 간주하고 있고, Adams(2019)는 확인의 목적을 숨은 의미를 찾아내어 그 숨은 의미 간의 연관성을 밝히는 것으로 보고 있다. 나는 이러한 의견에 반대하지 않는다. 그러나 해석과 확인은 미묘한 차이가 있다고 보는데, 해석은 여러 가능성에 대해 끝없는 탐구를 해 가는 열린 과정인 데 반해, 확인은 그러한 열린 과정 속에서 고정되고 확실한 어떤 관점을 취하고 이를 소통하는 것이라는 차이가 있기 때문이다. 한순간도 이것이 이것이라고 할 만한 순간이 없다고 말하면서도 우리는 이것이 무엇이라고 말하지 않을 수 없다. 바로 이와 마찬가지로 해석의 과정이 최종적 결론을 취하지 않는 반복의 과정임에도 불구하고, 그 반복 과정에 한 매듭을 지으면서 어떤 것의 확실성을 서로 언어를 통해 교환하는 것이 바로 확인이다.

확인하기(Verifying)에 속하는 방법들은 해체적 해석(Deconstructive interpretation), 선택과 결정(Choice & Decision), 합의와 계약 (Agreement & Contract)이다.

1) 해체적 해석

해체적 해석은 이미 알려진 것의 의미를 고정된 것으로 간주하는 태도를 변경하여 막연하고 불투명한 의미를 분명하고 또렷하게 하면서 구체적이고 명확한 의미로 바꾸어 가는 것을 말한다. 또 새로운 의미 혹은 근원적 의미 등을 끊임없이 밝혀 가는 것을 의미한다.

우선 해체(Deconstruction)라는 개념에 대해 살펴보는 것이 필요하다. '해체'는 여러 철학자에 의해 언급되거나 실행되었다고 볼 수 있지만, 현재 가장 대표적인 해체철학자로 여겨지는 인물은 Derrida일 것이다. Blackburn(2016)은 해체주의(Deconstructionism)가 Derrida에 의해서 시작되었다고 하면서 해체주의를 "고정된 의미의 가능성에 대한 회의적 접근"이라고 정의한다. 김욱동(2008)은 Derrida가 절대적 기초나 제1원리에 의존하는 모든 사고체계에 '형이상학'이라는 낙인을 찍으면서 어떤 식이든 절대적 근원을 증명하려는 철학적 시도는 부질없는 환상에 지나지 않는다고 주장한다고 말한다. 그는 또한 Derrida의 철학은 절대적 근원이나 기초가 되는 중심적 체계와 통일성의 원리를 해체하려는 것으로, Derrida가 말하는 해체는 파괴와는 다른 것이라고 언급한다.

Deurzen과 Kenward(2005)는 '해체(Deconstruction)'를 Derrida에 의해 실행된 철학적 텍스트 분석 방법이라고 말하면서 정작 Derrida 는 '해체' 개념에 대해 어떤 정의도 내리지 않았다는 점을 지적하고 있다. 다만 대체로 공유되는 해체의 정의는 "고정된 의미에 대한 깊은 회의"라고 기술하면서 Derrida의 '해체(Deconstruction)' 개념이 Heidegger의 '해체/파괴(Destruktion or destructuring)' 개념으로부터 영향받은 것임을 언급하고 있다. 신승환(2003)도 Derrida의 '해체'의 철학을 Heidegger의 존재사유에 자리한 내적 동기에서 그 철학적 근거를 이끌어 온다고 하면서 그것은 존재론적 차이와 '파괴(Destruktion)'에 대한 Heidegger의 철학이라고 언급한다. 그리고 Derrida의 해체 개념은 서구 전통철학의 존재론의 역사를 파괴하려는 Heidegger의 기획을 모형으로 한 것이라고 말하면서 Derrida는 해체라는 착상을 구성의 과정으로 해석하였다고 지적하고 있다.

이남인(2004)에 의하면, Heidegger는 전통철학에서 사용된 개념들의 근원적인 의미를 밝혀 내기 위해서 그것들의 본래적인 원천인 '근본경험' 혹은 '근원적 경험'의 영역으로 귀환하고자 하는데, 이처럼 근원적인 경험의 영역으로 귀환하는 작업을 이미 해석학적 현상학의 이념이 싹트기 시작하던 1919~1920년부터 "해체(Destruktion)" 라 부르고 있다. 이는 Heidegger에게 철학사와의 비판적 대결 및 철학사를 자기 것으로 만들어 나가는 과정을 의미한다. Heidegger는

『존재와 시간』에서 다음과 같이 말하고 있다.

> "존재물음 자체를 위해서 그 물음의 고유한 역사에 대한 투명성이 획득되어야
> 한다면, 이 경우 경직화되어버린 전통을 느슨하게 풀고 전통에 의해서 시간화
> 된 은폐들을 헤쳐 풀어내는 일이 필요하다. …… 해체(Destruktion)는 과거를 무
> [無] 속에 파묻어 버리려는 것이 아니다. 그것은 긍정적인 의도를 가지고 있다."
>
> (Heidegger, 1997)

이기상과 구연상(1998)은 "해체는 전승된 존재론적 근본개념들의
유래를 거슬러 오르는 것이며, 그 개념들의 '출생증명서'를 올바로
교부하는 것이고, 또 존재론적 전통의 긍정적 가능성과 한계를 밝
혀 내는 것이다. 해체는 과거를 부정하여 무화시키려는 것이 아니
라, 오히려 '오늘날' 우리의 존재이해를 비판하기 위한 것이다"라고
해설하고 있다. 이는 해체(destruction)가 단지 파괴를 의미하는 것이
아니라, 건설적 비판을 통한 새로운 이해의 추구라는 점을 의미하는
것으로 해석할 수 있다.

또한 이남인(2004)은 Heidegger가 『존재와 시간』의 출간 직후
인 1927년 여름학기에 현상학의 근본문제들을 주제로 행한 강연에
서 '현상학적 방법의 세 가지 근본요소'로서 '환원(Reduktion)' '구성
(Konstruktion)' '해체(Destruktion)'를 논하고 있는데, 해체는 곧 "헐어
나가는 과정"이라고 말한다. '해체작업', 즉 "헐어내기 과정"을 통해

우리가 가진 존재이해의 정체를 해명할 수 있을 뿐 아니라, 이러한 존재이해가 가지고 있는 의의 및 한계를 검토하고, 더 나아가 또 다른 유형의 존재이해의 가능성까지 타진해 볼 수 있다는 것이다. 여기서도 해체는 단순한 파괴, 즉 헐어냄만을 의미하는 것이 아니라 해명과 검토, 새로운 이해의 가능성 타진이라는 의미를 함축하고 있다.

나는 이러한 해체(Destruction)가 의미하는 바가 최종적인 파괴 혹은 최종적인 정답의 성취가 아니라, 반복적인 해명을 통한 기존의 의의와 한계에 대한 검토 그리고 더 나아가 새로운 의미와 가능성의 추구에 있다고 본다. 즉, 해체는 끊임없는 열어 밝힘, 해명, 헐어내기, 열린 가능성에의 개방을 의미한다는 것이 나의 이해이다.

신승환(2003)도 Derrida의 '해체(Deconstruction)' 개념은 Heidegger의 '해체/파괴(Destruktion)' 개념으로부터 도출된 것이지만, 이 개념은 긍정적 의미 또는 재건립의 의도를 드러내고 있다고 말한다. Derrida는 서구 형이상학적 사고 구조의 해체가 의미하는 바를 'déconstruire'로 표현함으로써 '재구성'이라는 의미에서 해체를 새롭고 긍정적으로 나타내려고 한다는 것이다. 이와 같은 맥락에서 Frank(신승환, 2003에서 인용)는 "파괴란 분쇄, 경감, 파멸시킴을 의미하며, 해체란 이와는 반대로 성벽의 철거, 어떠한 사고 전통 안에 건립된 것을 철거하여 기초의 해체, 그로 인한 같거나 혹은 다른 기초들을 납득할 만한 형태로 새로이 건립 …… 서두에 색인적으로 삽입된 'con'이란 표현에서 이 해체는 단순한 파괴와는 구별되는 것"이라고 말하면서 해체철학을 긍정적으로 고찰하고 있다.

앞의 서술을 통해 Heidegger의 'Destruktion'과 Derrida의 'Deconstruction'이 가지는 공통의 의미 도출이 가능함을 독자들은 이해했을 것으로 생각한다. 나는 이기상과 이남인 등이 Heidegger 의 'Destruktion'을 파괴가 아닌 '해체'로 번역한 것 자체가 지니는 의 의가 있다고 본다. 해체주의는 텍스트의 의미를 고정된 것으로 간주 하는 태도를 버리고 새로운 해석의 가능성 혹은 새로운 지평의 가능 성을 항상 열어 놓는 것을 의미한다. 이와 마찬가지로 주체적 실존 치료의 방법인 '해체(deconstruction)'는 단순한 파괴가 아니라 가능 성에의 끊임없는 개방성, 즉 이미 고정된 의미를 당연한 것으로 여 기지 않고 그 의미를 더욱 분명하게 하거나 혹은 새로운 의미를 부 여하는 등의 반복적인 해명과 열어 밝힘을 의미한다.

다음으로 해석(Interpretation)이 의미하는 바가 무엇인지를 살펴 보아야 할 것이다. 보통 치료 장면에서 해석은 내담자가 "과거 혹은 현재의 특정한 행동, 정서, 사고에 대한 통찰을 얻도록 돕기 위해 이 론적 관점(theoretical perspective)에 근거한 설명(explanation)을 제공 하는 언어적 기법(verbal technique)"으로 정의된다(Gladding, 2001). 여기서 중요한 것은 해석이 이론에 근거를 둔 설명의 제공이라는 점이다.

반면, 실존치료자인 DuBoss(2016)는 설명(explanation)은 한 변인 이 다른 변인에 영향을 미치는 인과관계(causation)를 가정하고 있다고 말하면서 이는 현상학적 과정에서 핵심이라고 할 수 있는 기술(description)과는 대비되는 것임을 언급하고 있다. Deurzen과 Arnold-Baker(2005)는 실존치료에서 해석(interpretation)은 "설명(explanation)이 아니라 이해(understanding)"를 의미하는데, 이것이 바로 실존적 사상가들이 말하는 '해석학(Hermeneutics)'과 같은 것이라고 말한다. 또한 Sousa(2016, 2017)는 해석은 무엇보다 "가능성에 대한 개방(openness of possibilities)"임을 강조하면서 해석이 내담자의 말과 경험으로부터 도출되어야 함을 언급하고 있다.

이는 Palmer(1988)가 해석학적 과정은 그 본질상 이미 텍스트에 형성(비은폐)되어 있는 것에 국한된 과학적 해석과는 무관하고, 오히려 그 과정은 아직 드러나 있지 않은 의미를 해명해 내는 근원적인 사유의 과정이며, 해석은 불가피하게 소여된 것에 대한 객관적인 분석(analysis)과는 근본적으로 구별된다고 한 의견과 맥을 같이한다. 또 Palmer가 Heidegger에게 있어서 해석학이란 단어의 보다 깊은 의미는 존재가 스스로를 드러내어 현존케 되는 탈은폐의 신비적 과정이라고 말한 것과도 연관된다. 결론적으로 해석은 우리가 개념적으로 엮어서 설명하고 분석하는 것과는 전혀 다른 것이다.

이처럼 대체로 치료자들은 해석을 이론적 틀에 의한 설명으로 이해하고 적용하지만, 실존치료자들은 해석을 다른 의미로 이해하고 적용한다. 실존치료자에게 해석은 내담자의 말을 어떤 설명 틀을 가지고 분석하고 객관적으로 평가하고 판단하는 것이 아니다. 다음과 같은 Nietzsche의 말을 상기할 필요가 있다.

"문을 열어 개방하는 것, 온갖 사소한 사실 앞에서도 엎드리는 것, 다른 사람들이나 다른 사물들 안으로-들어가고, 그-안에-뛰어들 준비가 되어 있는 것, 요약하자면 유명한 근대적 '객관성'이라는 것은 나쁜 취향이며 전형적인 저속함이다. ······ 타고난 심리학자는 본능적으로 보기 위해서 보는 것을 경계한다. ······ 있는 그대로 본다는 것—이것은 다른 유의 정신에 속한다. ······ 언어는 단지 평균적인 것, 중간적인 것, 전달 가능한 것을 위해서만 고안되어 있는 듯 보인다. 화자는 언어에 의해 자신을 이미 통속화시킨다."(Nietzsche, 2002b)

Nietzsche의 말은 우리가 너무나 당연하게 알고 있다고 확신하는 언어(그것이 전문용어일 때조차도)의 의미조차도 얼마나 조심스럽게 그 진짜 의미를 확인해야 하는지에 대해 경종을 울린다. 언어조차도 이러한데 우리가 소위 객관적이라고 단정하는 것들이야 더 말할 필요조차 없을 것이다.

주체적 실존치료에서는 치료자가 내담자의 말을 있는 그대로 듣고 그 말을 듣는 자신에게 떠오르는 것을 있는 그대로 진술하게 개방하면서(물론 책임질 수 있는 선에서) 지금 내담자와 치료자가 이야기하는 현상이 두 사람이 함께하는 이 장에 드러나게 하는 것이 중요하다. 여기에 객관적이고 설명적인 이론이 포함될 수는 있지만, 핵심은 면밀하게 펼쳐진 내담자의 말과 경험 그 자체 그리고 치료자의 말과 경험 그 자체, 즉 원자료의 진정한 주체적 의미가 무엇인지를 밝혀 가는 것이다. 이것이 바로 열린 장 내에서의 가능성의 발현이고 이해, 즉 해석이다. 내담자와 치료자 두 사람의 생생한 지금의 경험을 떠난 이론적 설명을 적용하는 것은 지양 혹은 배제된다.

주체적 실존치료자는 명백하게 드러나는(숨은 이면이 아닌) 있는 그대로의 내담자의 원자료에 근거하며, 그 원자료에 대한 생생한 자신의 생각과 느낌 등을 개방하여 나누는 것을 바로 기본적인 해석으로 생각한다. 또 이러한 해석은 끝없는 개방성에 활짝 열려 있는 반복과 순환의 연속일 뿐이므로 최적의 궁극적인 해석에 도달할 수 있다는 허황된 꿈을 꾸지 않는다. 따라서 옳거나 그른 해석 혹은 맞거나 틀린 해석 등은 존재할 수조차 없다.

앞의 기술에 의하면, 주체적 실존치료의 '해체적 해석' 방법이 무엇인지 분명하게 드러난다. 해체적 해석은 지금 여기에 펼쳐진 원자료의 의미를 이미 존재하는 고정된 의미로 단정하거나 설명하거나 분석하지 않고 새로운 이해와 가능성에 대한 개방성을 토대로 면밀하게 풀어 해체하면서 그 의미를 더욱 명료하고 명확하게 밝혀 가는 것을 말한다. 주체적 실존치료자는 내담자와 치료자의 생생한 경험, 즉 지금 내담자와 치료자가 함께하는 장(field)에서 내담자와 치료자에 의해 면밀하게 펼쳐지는 이야기를 떠난 그 어떤 이론적 설명이나 분석도 해체적 해석의 일차적 자료로 사용하지 않는다. 내담자와 치료자는 반복해서 사태(현상)를 풀어 밝혀 해체하면서 서로의 의견을

개방하여 나누는 해석을 통해 작업할 뿐이다. 이러한 끝없는 해체적
해석의 과정은 그 내용이 무엇이든 오직 내담자와 치료자의 합의된
결단에 의해서만 끝을 맺게 된다.

2) 선택과 결정

선택은 상황에 대한 반응으로서의 자유로운 주체적 취사 선택이
고, 결정은 상황에 대한 나의 기여를 책임지는 자유로운 주체적 최
종 판단이다. 자유롭게 무엇인가를 스스로 고르는 것이 선택이고 자
유롭게 최종 판단을 내리는 것이 결정이기는 한데, 자유로운 선택은
단지 상황이라는 맥락 내에서의 자유로운 선택일 뿐이고, 또 자유로
운 결정도 상황에 대한 나의 기여를 전제하는 자유로운 결정일 뿐이
다. 상황이라는 전제가 없는 무한한 자유의 선택도 결정도 존재하지
않는다. Sartre(1994, 2008)는 이를 상황 속에서만 자유가 있을 뿐이
라고 표현한다. Sartre는 자유와 선택에 대해 다음과 같이 말한다.

"자유는 본질을 갖지 않는다. 자유는 어떤 논리적 필연성에도 따르지 않는다.
…… 자유는 자기를 행위로 만든다. …… 나의 자유는 나중에 부가된 하나의 성
질도 아니고, 나의 본성의 '특질'도 아니다. …… 인간존재는 세계에 대해 그리고
자기 자신에 대해 하나의 무화적 단절을 이룰 수 있는 존재로 있어야 한다. ……
이런 단절의 끊임없는 가능성은 자유와 다를 바가 없는 것이다. …… 나는 영원

히 나의 본질 저편에, 내 행위의 동인이나 동기 저편에 존재해야 하는 운명에 있다. 다시 말해, 나는 자유롭게 있도록 운명 지어진 것이다(Je suis condamné à être libre). 요컨대 나의 자유에 관해서, 우리는 자유 그 자신 이외에 어떤 한계도 발견할 수 없을 것이다. …… 우리는 자유로운 것을 그만두는 것에 대해서는 자유롭지 않다(Nous ne sommes pas libres de cesser d'être libres). …… 인간존재가 자유인 것은 인간존재가 '충분히 존재하지 않기' 때문이고, 인간존재가 끊임없이 자기 자신으로부터 분리되기 때문이며, '인간존재가 그것으로 있었던 것'이, 하나의 무에 의해, '인간존재가 그것으로 있는 것'과 '인간존재가 그것으로 있을 것'으로부터 분리되어 있기 때문이다. …… 인간은, 그가 자기로 있는 것이 아니라 자기에 대한 현전으로 있기 때문에 자유롭다. 그것이 있는 그대로의 것으로 있는 존재는 자유로울 수 없을 것이다. 자유란 그야말로 인간의 핵심에서 '존재되는' 무(無)이고, 이 무가 인간존재로 하여금 '존재하는' 대신 자기를 만들도록 강요하는 것이다. …… 인간존재에 있어서 존재한다는 것은 '자기를 선택하는(se choisir)' 일이다. …… 자유는 '하나의' 존재가 아니다. 자유는 인간존재이다. 다시 말해, 자유는 인간의 '존재의 무(無)'이다."(Sartre, 1994)

인간은 그 자신이 자기 자유로 스스로를 창조한 것이 아니다. 인간은 이 상황에 던져졌다. 인간은 스스로를 무화(無化)하면서 자기 실존을 계속 초월하면서 그렇게 자유를 행사할 수밖에 없는 무(無)인 존재자이다. 인간은 그저 실존할 뿐이며, 정해진 본질이 없으므로 그 자신의 본질을 끊임없이 만들어 가야만 하는 존재자이다. 그런데 그 자신이 세계 속에 던져진 이상, 인간은 쉴 새 없이 직면하는 상황들 속에서 한순간도 선택을 하지 않고는 살 수 없는 상황에 처해 있다. 이것이 인간 실존의 현사실성이다.

즉, 상황을 내가 선택하지 않지만 그 상황에 대한 반응은 전적으로 내가 선택할 수밖에 없는 구조이다. 따라서 그 선택의 책임은 전적으로 나에게 있는 것이다. 이런 상황에 대한 반응이 곧 자유이다. 자유로운 선택을 하지 않을 수 없는 자유가 없으므로 인간은 자유롭게 선택할 수밖에 없는 운명이다. 선택하지 않을 자유가 우리에게는 없다. 내가 선택하지도 않은 상황에 반응하는 자유를 거부할 자유가 우리에게는 없다. 그러나 한편으로 우리는 자유롭다. 우리의 자유롭지 못한 자유로운 선택과 결정이 상황이라는 것에 직접적인 영향을 미치기 때문에 상황 그 자체의 구성과 변화에 능동적으로 동참하게 되는데, 어떤 영향을 어느 정도 미칠 것인가를 내가 자유롭게 선택하고 결정할 수 있다.

Sartre(2008)는 인간은 우선 주체적으로 자기의 삶을 살아가는 하나의 기투(企投, 현재를 초월하여 미래로 자신을 내던지는 실존 방식)라고 말한다. 또 인간은 먼저 실존하고 자신의 본질을 스스로 만들어 가기 때문에 "실존주의의 제1원칙이 주체성"이라고까지 말한다. 그리고 만약 실존이 본질에 앞선다면 인간은 자신이 지금 어떤 사람이고, 어떤 상태인지에 대해 책임이 있고, 모든 인간은 자신의 실존에 대해 전적으로 책임을 져야만 한다고 주장한다. 우리가 우리의 본질을 구성하기 때문에 우리는 본질의 창조자로서의 자유로운 선택을 할 수 있고, 동시에 그 선택에 의한 본질에 대해 그 선택을 한 우리가 책임이 있다는 것이다.

한마디로 내가 어떤 사람인지는 내가 선택하지 않은 면도 있지만, 내가 선택한 면도 반드시 있다는 것이다. 내가 지금 어떤 상황에 처한 것은 내가 어쩔 수 없는 것인 면도 있지만, 내가 기여한 부분도 반드시 있다는 것이다. 지금의 나와 나의 상황에 대한 나의 기여가 무엇인가는 바로 책임과 직결되는 문제이면서 우리가 나와 나의 상황에 대한 변화를 꾀할 수 있는 지점이기도 하다. 반면에 나의 선택이 아닌 부분에 대해서 나는 책임을 질 의무가 없고, 또 내가 선택할 수 없는 부분에 대해서 나는 책임을 질 권리가 없다.

Heidegger도 상황이라는 것이 우리의 결단에 의해 만들어지는 것이라는 점을 다음과 같이 말하고 있다.

"상황은 그것의 기초를 결단성에 두고 있다. 상황은 각기 그때마다 결단성에서 열어 밝혀진 '거기에'이다. 이 '거기에'로서 실존하는 존재자가 거기에 존재하는 것이다. …… 상황은 …… 오직 결단성에 의해서만 그리고 결단성 안에서만 존재한다. 자기 자신이 그것으로 실존하며 존재해야 하는 바로 그 '거기에'를 위해서 결단할 때 비로소 그에게 형편의 그때마다의 현사실적인 사용사태 성격이 열어 밝혀지는 것이다. 오직 결단성에서만 공동세계와 주위세계로부터 우리가 우발적 사건이라고 이름하는 그것이 떨어져올 수 있는 것이다. …… 결단성은 '거기에'의

존재를 그의 상황의 실존에로 데려온다."(Heidegger, 1997)

물론 여기서 Heidegger가 말하는 '상황'은 우리가 비본래적 (inauthentic) 실존에서 빠져나와 본래적(authentic) 실존을 결단함으로써 열리는 존재론적인 상황을 말하는 것이다. 이미 존재하는 것들에서 어떤 것을 취사 선택하는 존재적인 상황과는 다르다는 말이다. 그러나 이러한 존재론적인(ontological) 결단은 우리의 존재적(ontic) 선택 및 결정과 맥을 같이하는 것이므로 존재론적(ontologisch)·실존론적(existenziales) 측면에서이든 존재적(ontisch)·실존적 (existenzielles) 측면에서이든 우리의 상황이라는 것은 우리의 결단, 즉 선택 및 결정과 밀접한 관련을 맺고 있다고 볼 수 있다.

Sartre와 Heidegger는 모두 우리가 자유롭지 못한 존재이면서 동시에 자유로운 존재라고 말하고 있다. 비록 우리의 '선택할 수 있음'과 '결정할 수 있음'이 우리 스스로의 선택과 결정에 의한 자유에 의해 주어진 것은 아니지만, 우리는 우리가 처해 있는 상황 속에서 자유로운 선택과 결정을 할 수 있고, 또 그러한 자유로운 선택과 결정을 통해 상황을 구성해 감을 언급하고 있다.

그러나 여기서 간과해서는 안 되는 중요한 사실은 Sartre가 선택의 결과를 문화와 인류 전체에로까지 확산시켜 생각했다는 점이다. Sartre는 인간이 자신의 선택을 통해서 인류 전체에 앙가제한다(참여한다)고 말한다. 또한 Heidegger도 '세계-내-존재'라는 존재구성틀과 '(세계내부적으로 만나게 되는 존재자) 곁에-있음으로서 자기를-앞질러-이미-(세계)-안에 있음'이라는 현존재의 존재인 염려(Sorge)를 항상 전제하고 있다는 사실을 기억해야 한다. 이는 모든 것이 연관되어 있다는 실존철학의 핵심 내용을 반영한 것이다.

　같은 맥락에서 Spinelli(2001)는 "전적으로 나의 선택이거나 전적으로 타인의 선택일 수 있는 것은 없다"라고 말한다. 왜냐하면 우리는 상호주관적 측면들(interpersonal dimensions)을 가지고 있기 때문이다. Cohn(2002)은 우리가 "어떤 것을 선택한다는 것은 선택되지 않은 다른 것들을 선택할 수 없다는 것"을 의미한다고 말한다. 이는 선택과 선택하지 않음의 밀접한 연관성을 이야기하는 것이고, 선택이란 단지 현재의 전체적인 상황에 기초한 어떤 한 부분으로서의 의미만이 있음을 강조하는 것이다. Heidegger(1997) 역시 현존재가 자신의 실존적 가능성에 대해서 자유롭다고 하면서 "자유는 오직 하나를 선택하는 데에 있다. 다시 말해서 다른 것은 선택하지 않았음, 다른 것을 또 선택할 수 있음을 견뎌내는 데에 있는 것이다"라고 말한다.

　자유, 선택, 결정 등의 주제는 많은 사람이 실존치료에 대해 오해하는 주제들이기도 하다. 어떤 사람들은 실존치료가 개인의 자유만을 지나치게 강조한다고 말한다. 그러나 앞에서 살펴본 것처럼, 실존치료에서는 개인이 이미 우리가 흔히 말하는 독립된 실체로서의 개인이 아니다. 모든 것과 연결되어 있는 개인으로서 나의 자유는 항상 나의 상황에 대한 반응으로서의 자유이고, 또 나의 자유는 모

든 다른 사람들과 연관되어 있는 자유이다. 나는 자유롭지만 동시에
자유롭지 못하고, 나는 상황에 직접적인 영향을 미치는 존재자이면
서 동시에 상황에 묶여 있는 존재자이다.

선택도 마찬가지이다. 나는 항상 내가 처한 상황적 조건 내에서만
선택을 할 수 있고, 그 선택은 나를 초월한 세상에까지 영향을 미칠
수밖에 없다(나 자체가 이미 초월이다). 나는 선택을 하지만 나의 선
택은 상황이라는 한계 내에서의 선택이다. 그러나 동시에 나는 선택
을 통해 상황이라는 조건에 직접적으로 영향을 미치기도 한다. 결정
도 마찬가지이다. 나의 결정은 오직 나의 상황과 조건에서의 전적인
나의 결정이고 따라서 나의 책임이지만, 동시에 나의 결정은 상황과
조건은 물론이고 타인과 세상에 영향을 미치기 때문에 모두의 결정
이고 모두의 책임이 될 수 있다.

주체적 실존치료에서는 주체성의 개현, 발현, 부각으로서의 선택
과 결정을 촉진하지만, 동시에 주체라는 측면에 대한 고려를 간과하
지 않는다. 지금 내담자가 처한 상황에 대한 면밀한 펼침을 통해 그
상황에서의 선택과 결정을 독려하지만, 동시에 이 선택 및 결정의
결과와 관련될 수 있는 내담자의 다양한 맥락과 상황에 대한 횡단
적·종단적 탐구를 세심하게 하는 것이다. 더불어 우리가 아무리 면
밀하고 엄밀하게 우리의 선택과 결정의 맥락을 살핀다고 하더라도,
도저히 예상하거나 예측할 수 없는 여러 인연에 따른 맥락이 존재한
다는 진실을 간과하지 않는다.

또한 주체적 실존치료는 지금 무슨 일이 일어나고 있는가를 면밀하게 펼치고 자세히 살펴보면서 그 현상에 내담자가 어떤 방식으로 어떻게 기여하고 있는지와 기여해 왔는지 등, 즉 어떤 책임이 내담자에게 있는지를 탐색한다. 선택과 결정이라는 것에 수반될 수밖에 없는 책임이라는 의무를 살펴보는 것이다. 동시에 모든 것이 인연생기이므로 내담자의 선택과 결정의 영향력이 얼마나 미약할 수 있는지, 따라서 책임을 지고 싶어도 책임을 질 수 있는 권리가 없는 영역이 있다는 점 역시도 면밀하게 탐색한다. 인간의 존재적 가능성과 능동성, 자율성 등을 충분히 고려하면서도, 동시에 인간의 존재론적 한계인 필연성과 수동성, 책임성 등도 충분히 탐구한다.

3) 합의와 계약

합의와 계약은 명확한 상호 동의 확인하기와 합의된 사항에 대한 명시적인 계약 실행을 말한다. '합의'는 주체적 실존치료에서 '나누기'와 '확인하기'와 더불어 매우 중요한 방법에 속한다.

주체적 실존치료는 치료의 신청 경위와 호소문제 그리고 치료 목표와 치료 과정 모두에서 '주체성'에 초점을 두는 치료이다. 주체성의 강조는 비단 내담자에게만 적용되는 것이 아니다. 즉, 내담자의 주체성을 개현, 발현, 부각하는 것만이 중요한 것이 아니라, 치료자의 주체성이 개현, 발현, 부각되는 것 역시 똑같이 중요하다.

만약 치료자가 자신의 주체성은 은폐하고 통제하며 조작하면서 내담자의 주체성만을 개현, 발현, 부각시키려 한다면 이는 주체적 실존치료라고 보기 어렵다. 왜냐하면 주체적 실존치료는 인간 대 인간의 만남(참여)을 치료자와 내담자의 만남(참여)보다 우선시하고, 치료자와 내담자가 '같이' 알아보고 '함께' 궁리하는 것을 치료자가 내담자를 변화시키고 치유하는 것보다 중요시하기 때문이다. 따라서 두 사람이 자신의 있는 그대로의 진정성과 솔직성을 가지고 만나는 것이 매우 중요하다. 이때 치료자라는 명칭과 내담자라는 명칭은 큰 의미가 없을 수도 있다.

그러나 이러한 접근은 많은 사람이 일반적으로 알고 있는 치료의 전형적인 모습과는 차이가 있다. 대체로 사람들은 치료자가 전문가로서 내담자보다 더 많이 알고 있어야 하고 답을 주어야 하며 내담자가 원하는 것을 제공해야 마땅한 것으로 여긴다. 반대로 내담자는 위로와 공감 혹은 문제에 대한 답이나 해결책을 받아야 마땅한 것으로 여긴다. 이러한 일반적인 견해 때문에 치료자가 자기로 존재하면서 진솔하게 내담자를 대하기 위해서는 용기는 물론 책임 있는 윤리의식이 필요하며, 그렇지 않을 경우 큰 어려움에 직면할 가능성이 있다. 따라서 주체적 실존치료에서는 엄밀하고 정밀하며 면밀한 '나누기'와 '확인하기'가 그 무엇보다 중요하고, 이러한 나누기와 확인하기의 과정이 빠짐없이 '합의'에 의해 진행되는 것이 결정적으로 중요하다.

'합의'를 한다는 것은 합의의 당사자들 각자가 자신이 합의하는 사항에 대한 책임성을 확인하는 것을 말한다. 달리 말해, 자신이 어떤 내용에 대해 합의를 한다는 것은 그 내용을 숙지하고 그 내용에 대한 자신의 선택과 결정을 알아차리면서 스스로 그 내용에 대한 책임을 승인하는 것을 의미한다. 주체적 실존치료는 치료해야만 하는 문제라는 것이 규정되어 있지 않고, 치료 과정이 어떠해야 한다는 고정된 규칙이 없으며, 성취해야 할 특정 내용의 목표 또한 정해져 있지 않다. 모든 것이 내담자와 치료자 간의 합의에 달려 있다. 그러므로 내담자와 치료자가 각자 자신이 선택하고 결정한 관점을 명확히 표현하면서 협의를 하는 것이 핵심인데, 이것이 바로 합의이다.

이와 같은 명확한 합의의 구체적인 증거는 명시적인 '계약'이다. 계약은 말 혹은 서류를 통해 이루어진다. 최종 합의된 치료 목표와 같은 합의 사항은 반드시 서류를 통한 계약을 할 필요는 없겠지만, 전문가로서의 윤리적이고 법적인 문제의 소지가 있는 합의 사항들에 대해서는 서면을 통한 계약이 필수적일 수 있다. 어떤 방식이든 중요한 것은, 합의 사항은 명시적인 '계약' 방식을 통해 내담자와 치료자 사이에 공유되어야 한다는 점이다. 이렇게 공유된 내용의 계약은 합의를 더욱 분명하게 확인하는 것은 물론, 각자의 책임과 의무 그리고 권리에 대한 명확한 주체적 선택과 결정을 드러내는 것이기도 하다. 그리고 이것이 바로 주체적 실존치료의 과정 즉, 주체성의 개현, 발현, 부각의 한 예이다.

주체적 실존치료는 내담자와 치료자 모두가 주인이 되는 치료 방식이다. 합의와 계약 방법은 두 사람이 동등한 주인으로서 치료에 참여하는 방법이면서, 동시에 그러한 방식의 치료에 대한 하나의 증거이기도 하다. 나는 내담자와 치료자가 기존의 정해진 규칙과 절차 혹은 방식 등에 구애받을 필요가 없으며, 만약 필요하다면 그러한 규칙과 절차와 방식 등을 서로의 합의와 계약에 따라 설정할 수 있다고 본다(여기서 반드시 숙지할 것은 합의와 계약에 대한 각자의 책임성 자각이다). 그리고 이렇게 두 사람이 각각 동등한 주인으로서 치료의 시작과 과정, 종결을 함께 구성함은 물론, 어떤 주제에 대해 같이 알아보고 함께 궁리한다면 이는 매우 의미 있는 치료, 즉 만남과 참여라고 생각한다.

이상으로, '나누기'와 '확인하기'라는 주체적 실존치료의 두 가지 주요 방법 중 '확인하기'에 속하는 해체적 해석, 선택과 결정, 합의와 계약의 서술을 마쳤다.

3. 나누기와 확인하기

주체적 실존치료 방법을 간략히 요약하면, 면밀하고 엄밀한 나누기와 확인하기를 실행하면서 어떤 결정이 필요할 때마다 명시적인

'합의'를 명확하게 실시하는 과정을 반복하는 것이다. 앞에 기술된 방법들이 여러 가지 있지만, 주체적 실존치료 방법의 핵심은 '나누기'와 '확인하기'이다.

만약 엄밀하고 정밀하며 면밀한 나누기와 확인하기 그리고 합의를 능숙하게 진행할 수 있는 충분한 훈련이 되지 않은 치료자가 주체적 실존치료를 실행한다면, 상당한 위험에 노출될 가능성이 충분히 존재한다. 주체적 실존치료는 현시대의 주류 치료 접근들이 정의하는 치료와 치료자 그리고 내담자의 개념과 다른 관점을 갖고 있기 때문에, 치료자가 실존적 현상학적 방법을 충분히 수련하는 것이 안전하다. 그렇다고 해서 이런 방법의 수련을 마친 후에야 주체적 실존치료를 할 수 있다고 한다면, 이는 주체적 실존치료의 의미를 정면으로 부정하는 것이다. 주체적 실존치료자는 자기 자신으로 존재함과 동시에 현상학적이고 해석학적인 방법을 열심히 수련하는 치료자로서 내담자와 함께한다. 그리고 순간순간의 자신에게 솔직하고 그 솔직함을 순간순간 내담자에게 진술하게 개방하여 나눌 수 있어야 한다. 물론 그 한계를 인정하고 수용하면서 말이다.

예를 들면, 치료자는 자신의 느낌, 생각, 의견 등을 '자신의 것으로 소유'하며 개방하여 나누고, 이것에 대한 내담자의 느낌, 생각, 의견 등을 확인하는 것이다. 또 내담자는 자신의 느낌, 생각, 의견 등을 '자신의 것으로 소유'하며 개방하여 나누고, 이것에 대한 치료자의 느낌, 생각, 의견 등을 확인하는 것이다(이때 자신이 책임질 수 있는 수준의 개방을 하는 것이 중요하다). 치료자가 말하는 것의 의미가 내담자에게 치료자가 말하고자 하는 그 의미대로 이해되었는지 확인하고, 내담자가 말하는 것의 의미가 치료자에게 내담자가 말하고자 하는 그 의미대로 이해되었는지 확인하는 것이다. 그리고 확인하기에 포함되는 '합의'는 치료의 전 과정에서 치료 작업 진행의 필수적인 전제 요건이다. 합의 없이는 주체적 실존치료의 어떤 것도 진행은 물론 시작될 수도 없다. 이것은 주체적 실존치료가 다른 치료들과 차이를 보이는 중요한 요인이다.

나는 주체적 실존치료 방법이 치료가 정신병리학적 병을 고치는 정신의학에만 국한된 것이 아닌 이상, 내담자와 치료자 모두에게 유익하고 도움이 되는 방법이라고 생각한다. 또 이런 치료적 접근이 정신병리학적 병에 대해서도 도움이 될 수 있다고 생각한다. 물론 이러한 치료적 접근에 긍정적인 내담자가 많지 않은 것은 사실이다. 하지만 호의적인 내담자가 존재하는 것 또한 분명한 사실이다. 내가 '주체적 실존치료'라는 명칭을 붙인 치료적 접근을 이렇게 독자들에게 알릴 수 있는 것이 바로 그런 내담자들과의 치료 경험 때문이다.

치료자라면 누구나 한 번쯤은 "내담자에게 해를 끼치면 안 된다" "치료자의 개방은 내담자에게 도움이 된다는 것이 전제될 때에만 그리고 도움이 될 만큼의 수준에서만 이루어져야 한다" 등의 말을 들어 봤을 것이다. 나는 수련생일 때부터 이런 말을 들을 때면 '내가 내담자에게 해를 끼치는지 끼치지 않는지 어떻게 알 수 있을까?' '나의 개방이 내담자에게 도움이 될지 안 될지는 개방해 본 후에야 알 수 있는 것이 아닌가?' '내가 어느 정도의 개방을 하는 것이 내담자에게 도움이 될 수준이고 아닌지는 내담자에게 물어보는 수밖에 없는 것이 아닌가? 혹은 개방해 본 후 그 결과를 보고 가늠할 수밖에 없는 것 아닌가?' '치료자가 신도 아닌데 어떻게 그런 확신과 결단을 행동해 보지도 않고 미리 할 수 있는 것일까?' '혼자 단정하는 것은 내담자를 너무 존중하지 않는 것은 아닌가?' 등의 생각을 하며 의문을 품곤 했다.

한 번은 수퍼바이저가 나의 사례를 수퍼비전(supervision)하면서 공감 반응을 찾아볼 수 없는 축어록인데 어떻게 내담자가 계속 치료에 오는지 의아하다는 피드백을 하였다. 나는 수퍼비전 이후 회기에서 내담자에게 내가 내담자를 잘 이해하고 공감하지 못한다고 느끼는지 물어보았고, 내담자는 내가 자신을 잘 이해하고 공감한다고 느끼기 때문에 치료에 계속 오는 것이라고 답했다. 나는 수퍼바이저의 말을 듣고도 그게 수퍼바이저의 말이지 나와 내담자 사이의 생생한 경험이 아니기 때문에 내담자에게 확인할 수밖에 없었다. 누군가의 말처럼 내담자가 나에게 거짓말을 했을 가능성도 전혀 없지는 않을 것이다. 그러나 내담자가 면전에서 나에게 직접 하는 말도 믿을 수 없다면, 그 만남은 이미 의미가 없다고 생각한다.

나는 수련을 처음 시작할 때부터 내담자와 나누고 확인하는 것을 철저히 고수하고자 했다. 내담자와 매우 솔직하고 진솔하게 만나고 싶었다. 그것이 서로에게 때로는 아픈 경험일지라도 말이다. 실제로 나의 솔직함에 상처를 받았다가 몇 년 후 찾아와서 그 상처가 도움이 되었다고 말한 내담자도 있었다.

나를 아는 지인들은 어쩌면 내가 눈치가 없고 공감 능력이 부족해서 나누기와 확인하기를 강조한다고 말할지도 모른다. 살아온 세월의 경험을 통해 볼 때 나는 그런 말에 아니라고 말할 자신은 없다. 그러나 꼭 그런 이유에서뿐만 아니라 1998년 초 처음 치료비를 받는 유료 장면에서 내담자를 만나고(나의 첫 내담자는 학부 시절 치료 실습에 흔쾌히 동참해준 아주 건강한 대학생이었다) 2007년 한 해를 제외하고는 내담자를 만나지 않은 때가 없는 세월을 치료자로 살면서, 나는 나누기와 확인하기의 힘을 수없이 경험했다. 물론 나누기와 확인하기의 위험 역시 경험했다는 말을 빼놓을 수는 없겠다.

주체적 실존치료 방법을 마무리하면서, 나는 주체적 실존치료에서 '합의'와 함께 매우 중요한 방법이 '나누기'와 '확인하기'라는 것을 다시 한번 강조하고 싶다. 많은 사람이 너무 당연한 전제라고 여겨서 방법이라고까지 생각하지 않을 가능성이 크기 때문이다. 그리고 평이하게 보일 수도 있는 이 방법들을 면밀하고 엄밀하며 진솔하게 사용하고자 할 때 얼마나 많은 용기와 도전, 숙련과 연습이 필요한지도 말해 주고 싶다. 그 수련에는 끝이 있지도 않을뿐더러 있을 수도 없다는 것과 함께!

맺음말

    심리학을 전공하고 불교와 실존철학에 관심을 두고 공부하는 치료자로 살아오면서, 내가 중요하다고 생각하며 구현해 왔던 것들을 정리하여 '주체적 실존치료'라는 이름을 붙였다. 그리고 이 책을 통해 주체적 실존치료와 주체적 실존치료의 방법을 소개하였다.

    제1부에서는 기존 실존치료에 대해 간략하게 소개하였다. 이미 시중에 많은 실존치료 책들이 출판되어 있으므로 기존 실존치료에 대한 자세한 내용은 기술하지 않았다. 기존 실존치료 관련 내용이 궁금한 독자들은 출판된 실존치료 책들이나 참고문헌에 수록된 도서들을 참고하면 될 것이다. 이 책의 목적은 주체적 실존치료를 소개하는 것에 있으므로 제2부에서는 주체적 실존치료에 대한 전반적인 내용을 서술하였고, 제3부에서는 주체적 실존치료의 방법을 기술하였다.

    거의 모든 독자에게 '주체적 실존치료'는 생소한 것이겠으나 제2부와 제3부를 통해 주체적 실존치료가 무엇인지에 대해서는 어느 정도 이해했을 것으로 생각한다. 다만, 첨언이 꼭 필요하다고 생각하는 것을 맺음말 지면을 통해 서술하고자 한다. 나는 '주체'의 영문 표기를 'Insubstantial-self'로, '주체성'을 'Insubstantial-ego'로, '주체적 실존치료'를 'Existential Therapy of Insubstantial-self'로 결정하였다. 한글 단어와 영문 표기가 일반적인 의미에서 일 대 일 대응이 되지 않기 때문에 설명이 필요하다고 본다.

나는 주체를 '모든 것과 연결되어 개방되어 있는 개개의 인간 존재자, 즉 각자의 가변적 가능성의 장에 항상 열려 있는 실존하는 총체적 인간 존재자'라고 정의했고, 주체성은 '주체의 의식적·반성적·의지적 자기 결단의 측면'이라고 정의했다. 내가 정의한 주체와 주체성에 딱 맞아 떨어지는 영문 표기를 찾지는 못했으나 심리학에서 정의하는 'self'와 'ego' 개념은 내가 정의하는 주체와 주체성의 한 측면을 비교적 잘 대변해 준다. 심리학적으로 self(자기)는 의식적·무의식적, 정신적·신체적 모든 특성을 포함하는 총체적 한 개인을 의미하고, ego(자아)는 한 개인의 자기-개념(self-concept)을 의미한다(Corsini, 2002). 특히 Freud의 정신분석에서 ego는 의사결정(decision making)을 담당하는 한 개인의 의식적 부분(conscious part)을 의미한다(Gladding, 2001). 따라서 두 단어를 주체와 주체성의 표기에 포함시키는 것은 타당하다고 생각한다.

다음으로, 나는 주체와 주체성에 담긴 '연기(공)'의 의미를 표현할 수 있는 영문 표기를 'insubstantial'로 결정하였다. 그리고 앞서 나는 불교의 '공(空)'에 대한 영문 표기를 'Insubstantiality'로 제시했다. 불교의 공 개념에 대한 영어 번역어로는 일반적으로 'emptiness'가 사용되는 경향이 있다. 그러나 나는 공의 개념이 '텅 빈 것'을 의미하기보다는 '실체가 없음'을 의미하는 것으로 이해하기 때문에, 비록 흔히 사용되는 단어는 아니지만 불교 사전에 등장하면서도 적절하다고 판단되는 'Insubstantiality'를 공에 대한 영문 표기로 결정하였다. 철학 사전(Blackburn, 2016)에서 'substance'라는 단어는 '실체' 혹은 '본질' 등을 나타내는데, 이는 모든 것이 변하는 와중에도 변하지 않는 어떤 것을 표현하는 단어이다.

이런 점을 종합적으로 고려할 때, 직관적이고 관습적인 측면에서 다소 혼란스럽더라도 의미를 잘 전달하는 것이 중요하다고 생각하여 나는 주체적 실존치료에서의 '주체'와 '주체성'의 영문 표기를 각각 'Insubstantial-self'와 'Insubstantial-ego'로 결정하였다. 내가 의미하는 주체와 주체성 각각에 정확하게 부합하는 간결한 영어 단어를 찾지 못했기 때문에 기존에 이미 존재하는 단어들을 굳이 '-'로 연결하여 표기하게 되었다.

이제 내가 꼭 필요하다고 판단한 첨언을 마치고, 독자들에게 하고 싶은 몇 가지 이야기를 하면서 이 책을 마무리하고자 한다.

나는 그동안 실존치료에 관심이 있다는 치료자들을 많이 만났다. 그러나 관심이 있을 뿐이지 실제로 실존치료를 주 지향으로 삼고 치료를 한다고 말하는 치료자를 개인적으로 본 적은 거의 없다. 어떤 치료자들은 실존치료는 실존철학에 조예가 깊은 사람만이 할 수 있는 치료라는 오해를 하기도 하고, 또 다른 치료자들은 실존치료가 특정 실존적 문제의 주제를 다루는 치료라고 오해하기도 한다. 실존치료를 둘러싼 오해가 이 밖에도 많이 있을 수 있지만, 나는 내가 경험한 매우 흔한 이 두 오해에 대해 언급하고자 한다.

첫 번째 오해, 즉 실존치료자는 실존철학에 상당한 지식이 있어야 한다는 오해와 관련해서 다음과 같이 말할 수 있다. 만약 실존철학적 지식이 풍부해야만 실존치료를 할 수 있다면, 이는 모든 실존치료자가 소중히 여기는 현상학의 근본이념을 부정하는 일이 벌어질 수 있다는 것이다. 앞서 소개한 Husserl의 말을 다시 인용해 본다.

> "미리 주어진 어떤 것도 받아들이지 않고, 전해 내려오는 어떤 것도 출발점으로 삼지 않으며, 아무리 위대한 대가(大家)라도 그 명성에 현혹되지 않고, 오히려 문제 자체와 이 문제로부터 나오는 요구들에 자유롭게 몰두하는 가운데 탐구의 실마리를 찾으려고 노력해야만 한다." (Husserl, 2014)

이 말은 Husserl이 우리의 자연적 태도에 대해 얼마나 엄밀한 태도를 유지하면서, 즉 자연적 태도를 철저히 에포케(판단중지, 괄호치기)하면서 우리 자신의 1인칭적 직관적 관점에 근거한 관찰과 탐구에 집중하고자 했는지를 보여 준다. 실존치료의 핵심 방법인 '현상학'의 창시자라 불리는 Husserl의 위와 같은 말을 조금만 상기해도 실존철학적 지식의 부족 때문에 실존치료를 할 수 없는 것처럼 말하는 치료자들의 입장이 그저 공허한 변명에 불과하다는 사실이 드러난다. 그들이 말하는 실존철학적 지식 자체가 이미 우리가 괄호를 쳐서 그 영향력을 배제해야 하는 자연적 태도에 속하는 것이기 때문이다.

거의 모든 실존치료자가 중요하게 여기는 것은 아마도 우리 각자의 자신인 '나'일 것이다. 실존치료자들이 내담자의 문제를 객관적이고 일반적인 문제로 보지 않고 당사자인 그 내담자만의 주관적이고 독특하며 유일한 문제로 바라보면서 치료를 실행하는 것이 바로 이런 이유 때문이다. 실존치료에서 중요한 것은 철학자 및 치료의 대가라는 사람들과 같은 남들이 말하는 지식을 얼마나 많이 알고 이해하는가가 아니라, 바로 나 자신이 나 자신에 대해 얼마나 깊이 알고 이해하는가이다.

마찬가지로, 주체적 실존치료에서 중요한 것은 치료자와 내담자가 각기 자기 자신과 자신의 맥락에 대해 진정으로 궁리하는 것이고 자신의 구체적 · 실제적 · 현실적 · 가능적 현존인 실존을 핵심 관심사로 두는 것이다. 주체적 실존치료에 필요한 모든 지식과 경험은 치료자인 나와 내담자인 너의 실존을 통해 이미 충분히 갖추어진 것이다. 다른 누군가의 지식과 경험은 치료자인 나와 내담자인 너에 의해 그 필요성이 합의된다면 수용하게 되는 것이지 필수불가결한 요소는 전혀 아니라는 말이다. 만약 자기 자신의 말을 하는 것이 아니라면 그 어떠한 훌륭한 말도 주체적 실존치료에서는 그다지 가치 있게 여겨지지 않는다(물론 우리가 하는 모든 말이 세상에 처음으로 등장하는 것이 아니라 근본적으로는 언젠가 어디에서 누군가가 한 말의 모방일 뿐이라는 부정할 수 없는 사실은 기꺼이 인정한다).

두 번째 오해는 실존치료가 특정 실존적 문제의 주제, 예를 들면 '죽음'이나 '무의미' 등에 초점을 두는 치료라는 것이다. 내가 실존치료를 한다는 사실을 아는 치료자들은 자신들의 내담자나 주변인 중 죽음이나 무의미 등의 문제로 고민하는 사람에게 나를 치료자로 소개하는 경우가 많았고, 나의 수퍼바이지가 아닌데도 이런 주제와 관련된 사례를 나에게 수퍼비전 받고자 하는 수퍼바이지들이 있었다 (이런 수퍼바이지 중 어떤 사람은 자신이 예상하고 기대했던 것과는 너무나 다른 나의 말에 다소 충격을 받는 경우도 있었다). 같은 맥락에서 나는 그동안 자해나 자살 시도를 한 내담자와 자살 유가족을 빈번히 소개받곤 했다.

이런 주제와 관련하여 치료를 받고자 하는 내담자들이 실존치료의 대상이 될 수 없다는 이야기를 하는 것이 전혀 아니다. 다만, 죽음이나 무의미 등과 같은 특정 주제가 마치 실존치료의 핵심 주제라고 여기는 것이 오해라는 것, 그리고 실존치료를 그러한 주제에 대한 맞춤 치료처럼 여기는 것이 오해라는 것을 말하고 싶을 뿐이다. 예를 들어, 죽음의 문제는 실존치료에서뿐만 아니라 모든 치료에서 주제로 등장할 수 있고 모든 치료자가 각기 자신의 방식으로 죽음의 문제를 다루면서 치료를 하고 있다. 실존치료를 주제 혹은 내용 중심적 관점에서 보는 것이 오해라는 것이다.

나는 치료에서 다루어지는 주제 혹은 내용보다 중요한 것이 그 주제와 내용을 각기 당사자가 얼마나 자신의 주제, 자신의 내용으로 책임지면서 소유하는가 하는 점에 있다고 본다. 만약 누군가가 죽음의 문제를 그저 죽음의 문제로 여기면서 마치 제3자처럼 객관적으로 대한다면, 그 사람은 실존치료는 물론 주체적 실존치료를 통해 큰 도움을 얻지 못할 가능성이 크다. 왜냐하면, '나'의 실존적 문제로 소유되지 않은 문제는 그것이 아무리 중요한 문제일지라도 그 문제에 천착하게 하는 열정과 의지를 수반하지 않기 때문이다.

나는 실존철학에 대한 조예가 있다면서 치료를 신청한 내담자가 자신이 치료에 가지고 온 주제와 관련한 해박한 철학적 지식을 펼치기는 하나, 그 주제와 관련된 자신의 생생하고 직접적인 일상적 일화를 펼치는 것에는 어려움을 겪는 경우를 보기도 했다. 그 내담자는 자기의 문제를 자신만의 생생한 문제로 주관화하기보다는 철학적 문제로 객관화하려는 경향을 보였다.

나는 치료자와 내담자 모두가 실존치료를 실존철학에서 혹은 특정 실존치료에서 중요시하는 특정 주제를 다루는 치료라고 생각하기보다는 모든 우리 삶의 주제에 대해 철학적으로 궁리하고 철학적으로 탐구하는 치료라고 생각하기를 바란다. 철학적 내용이 핵심이 아니라 철학적 과정이 핵심이라는 사실을 기억해 주기를 바라는 것이다. 특히 치료자들이 실존치료에 대한 이러한 오해에서 벗어나기를 바라고, 개인적으로 나의 주체적 실존치료가 이런 오해를 불식시키는 데 도움이 되기를 바란다. 나는 그 내용이 무엇이든 우리가 합의한 어떤 주제(문제)에 천착(穿鑿)하여 열심히 같이 알아보고 궁리하는 지속적인 탐구와 조사, 질문 그 자체, 즉 끊임없는 참구(參究)를 주체적 실존치료에서의 철학적 방법이라고 생각하기 때문이다.

앞에 기술한 두 가지가 내가 경험한 실존치료에 대한 주요 오해이다. 여기에 한 가지 오해를 덧붙이고 싶다. 바로 실존치료를 하나의 개별적인 치료적 접근보다는 다른 치료들의 보조 역할을 훌륭하게 할 수 있는 치료적 태도 혹은 요소로 보는 것이다. 이 오해는 치료자들 사이에서 명시적으로 뚜렷하게 드러나기보다는 암묵적으로 드러나는 경향이 있다(명시적인 경우는 오해라기보다 그 치료자의 치료적 관점이라고 할 수 있겠다). 앞의 두 오해와 달리 이러한 오해를 하는 치료자 중에는 실존치료 이론에 대한 깊은 학습이나 방법에 대한 꾸준한 실습 없이 자신이 하는 치료에 실존치료의 특정 내용이나 기술을 검증 없이 자유롭게 적용하는 경향이 있는 것 같다.

이런 접근들이 유용하고 효율적인 측면이 많다는 것은 인정한다. 그리고 그렇게 하는 것이 자신의 선택과 결정이라면 그것 역시 훌륭한 주체적 실존치료일 수 있다. 실존치료를 위해 이론을 공부해야 하고 방법을 실습해야 한다는 고정된 규칙은 없기 때문이다. 다만, 나는 그런 치료자들이 자신이 무엇을 어떻게 하고 있는지에 대한 명확한 자각에 입각한 선택과 결정, 그에 대한 분명한 책임의식을 가져야 함을 말하고 싶다. 그리고 실존치료가 그런 것이 아니라, 자신이 실존치료를 그렇게 정의 내리고 치료 실제에 적용하고 있다는 것을 인식하는 것이 필요하다고 말하고 싶다. 왜냐하면, 실존치료를 다르게 정의하면서 꾸준히 공부하고 엄밀하게 치료에 적용하며 연구하고 탐구하는 치료자들이 존재하기 때문이다. 실존치료자들은 객관적인 평가에 지나치게 연연하는 경향은 적겠지만, 자신의 주관적 혹은 주체적 평가에 대해서는 엄중한 경향이 있다.

이상으로, 맺음말을 통해 내가 덧붙이고 싶었던 몇 가지 이야기를 마친다.

나는 치료자들이 자기의 치료 수행에 대해 책임의식을 가지고 주체적으로 내담자를 만나기를 바란다. 실증적 연구에 기초한 기존의 확고한 치료 접근을 따른다고 할 때조차도 이미 있는 것을 맹목적으로 따르는 것을 경계하기를 바란다. 실증적 연구에 기초한 치료적 접근의 신뢰성과 타당성을 부정하는 것은 아니다.

그러나 그러한 접근이 실제로 실행되는 장, 즉 치료자와 내담자의 만남의 장 그 자체는 실증적으로 혹은 객관적으로 검증될 수 있는 지평이 아니다. 이미 지평융합을 이루고 있는 그 역동적인 지평 내에서 우리는 온전히 나 자체로 존재할 수밖에 없고, 실증적이며 객관적으로 검증된 특정 방법을 실행하는 것 역시도 바로 그 순간의 '나'인 것이다. 만약 내가 모든 실행의 주체임을 잊는다면 나는 그 자체가 전문가로서의 윤리의식에 문제가 있는 것이라고 본다. 모든 것이 인연생기이지만 그 인연의 분명하고 또렷한 요소인 '나' 그리고

그 '나의 책임'을 늘 인식하는 것이 중요하고 그것이 전문가로서의
기본적 윤리라고 생각한다.

치료자로 살면서 가슴에 새기게 된 것 중 하나가 바로 우리가 '내
담자'라고 명명하는 각 사람에 대한 존경심이다(물론 모든 내담자에
대해 이러한 것은 아니다). 주체적 실존치료 장면에서 '내담자'라는 자
리를 진정으로 자신의 것으로 소유한 사람, 즉 자기 문제의 주인으
로 당당하게 고통과 고난에 직면하는 사람의 모습은 존경심을 넘어
때로는 경외감을 불러일으키기까지 한다.

마지막으로, 그동안 자신의 내밀한 이야기를 기꺼이 나와 공유하
며 같이 알아보고 함께 궁리해 온 내담자들 그리고 쉽지만은 않은
'같이 알아보기'와 '함께 궁리하기' 작업을 지금 나와 열심히 진행하
고 있는 나의 내담자들에게, 김은희의 주체적 실존치료는 바로 '우
리 모두'의 주체적 실존치료라고 말해 주고 싶다.

▎참고문헌

길상(2001). 불교대사전(佛敎大辭典). 홍법원.

김욱동(2008). 포스트모더니즘. 연세대학교 대학출판문화원.

김은희(2007). 개정판 집착척도 개발 및 타당화. 한국심리학회지: 상담 및 심리치료, 19(1), 153-170.

김정현(2013). 철학과 마음의 치유: 니체, 심층심리학, 철학상담치료. 책세상.

김종두(2014). 키에르케고르의 실존사상과 현대인의 자아 이해. 새물결플러스.

대우(2002). 그곳엔 부처도 갈 수 없다. 현암사.

목경찬(2014). 연기법으로 읽는 불교. 불광출판사.

박찬국(2014). 하이데거의『존재와 시간』강독. 그린비.

벽해 원택 감역(2018). 어록의 왕 임제록: 임제의현 스님의 임제론. 장경각.

일아 역(2015). 숫따니빠따. 불광출판사.

신승환(2003). 포스트모더니즘에 대한 성찰. 살림출판사.

이기상, 구연상(1998).『존재와 시간』용어해설. 까치글방.

이남인(2004). 현상학과 해석학, 후썰의 초월론적 현상학 하이데거의 해석학적 현상학. 서울대학교출판문화원.

이남인(2013). 후설과 메를로퐁티 지각의 현상학. 한길사.

이종훈 편역(2014). 후설의 현상학과 현대문명 비판. 이담북스.

이종훈(2017). 후설현상학으로 돌아가기: 어둠을 밝힌 여명의 철학. 한길사.

조광제(2013). 존재의 충만, 간극의 현존. 그린비.

전재성 역주(1999). 쌍윳따 니까야. 한국빠알리성전협회.

Adams, M. (2013). *Existential counselling*. Sage.

Adams, M. (2019). Existential-phenomenological therapy, Method and Practice. In Deurzen, E. van, Craig, E., Längle, A., Schneider, K. J., Tantam, D., & Du Plock. S. (Eds.). *The Wiley World Handbook of Existential Therapy*. John Wiley & Sons, Inc.

Barnett, L., & Madison, G. (Eds.). (2012). *Existential therapy*. Routledge.

Binswanger, L. (1975). *Being-in-the-world: Selected papers of Ludwig Binswanger*. (trans. J. Needleman). Bascic Books.

Blackburn, S. (2016). *Oxford dictionary of philosophy* (3rd ed.). Oxford University Press.

Bollnow, O. F. (2006). 실존철학 입문*(Existenzphilosophie)*. (최동희 역). 간디서원.

Boss, M. (1963). *Psychoanalysis and daseinsanalysis*. (trans. L. B. Lefebre). Basic Books.

Cohn, H. (1997). *Existential thought and therapeutic practice*. Sage.

Cohn, H. (2002). *Heidegger and roots of existential therapy*. Continuum.

Cooper, M. (2003). *Existential therapy*. Sage.

Cooper, M. (2015). *Existential psychotherapy and counselling: Contributions to a pluralistic practice*. Sage.

Cooper, M. (2017). *Existential therapies* (2nd ed.). Sage.

Cooper, M. (2020). *The existential counselling primer* (2nd ed.). PCCS Books.

Cooper, M., Craig, E., & van Deurzen, E. (2019). Introduction: What is existential therapy?. In E. van Deurzen, E. Craig, A. Längle, K. J. Schneider, D. Tantam, & S. du Plock (Eds.), *The wiley world handbook of existential therapy*. John Wiley & Sons, Inc.

Cooper, M., & MacLeod, J. (2011). *Pluralistic counselling and psychotherapy*. Sage.

Correia, E. A., Cooper, M., & Berdondini, L. (2016). Existential psychotherapy: An international survey of the key authors and texts influencing practice. In S. Schulenberg (Ed.), *Clarifying and furthering existential psychotherapy*. Springer.

Corsini, R. J. (2002). *The dictionary of psychology*. Brunner-Routledge.

Craig, E. (2019). The history of daseinsanalysis. In E. van Deurzen, E. Craig, A. Längle, K. J. Schneider, D. Tantam, & S. du Plock (Eds.), *The wiley world handbook of existential therapy*. John Wiley & Sons, Inc.

DuBoss, T. (2016). Engaged understanding for lived meaning. In S. Schulenberg (Ed.), *Clarifying and furthering existential psychotherapy*. Springer.

Frankl, V. E. (1986). *The doctor and the soul: From psychotherapy to logotherapy*. Vintage Books.

Gadamer, H. G. (2012). 진리와 방법 2: 철학적 해석학의 기본 특징들(*Wahrheit und methode: Grundzuge einer philosophischen hermeneutik*). (임홍배 역). 문학동네.

Gergen, K. J. (2009). *Relational being: Beyond self and community*. Oxford University Press.

Gladding, S. T. (2001). *The counseling dictionary: Concise definitions of frequently used terms*. Merrill Prentice Hall.

Gordon, H. (1999). *Dictionary of existentialism*. Greenwood Press.

Heidegger, M. (1997). 존재와 시간(*Sein und zeit*). (이기상 역). 까치글방.

Heidegger, M. (2005a). 이정표 1(*Wegmarken*). (신상희 역). 한길사.

Heidegger, M. (2005b). 이정표 2(*Wegmarken*). (이선일 역). 한길사.

Husserl, E. (1997). 경험과 판단(*Erfahrung und urteil*). (이종훈 역). 민음사.

Husserl, E. (2002). 데카르트적 성찰(*Cartesianische meditation*). (이종훈 역). 한길사.

Husserl, E. (2009). 순수현상학과 현상학적 철학의 이념들 1(*Ideen zu einer reinen phanomenologie und phanomenologischen philosophi*). (이종훈 역). 한길사.

Husserl, E. (2013). 현상학적 심리학(*Phänomenologische psychologie: Vorlesungen sommersemester 1925*). (이종훈 역). 한길사.

Husserl, E. (2014). 엄밀한 학문으로서의 철학(*Philosophie als strenge Wissenschaft*). (이종훈 역). 지식을만드는지식.

Husserl, E. (2016). 유럽학문의 위기와 선험적 현상학(*Die Krisis der europäischen wissenschaften und die transzendentale phänomenologie: Eine*

  einleitung in die phänomenologische philosophie). (이종훈 역).
  한길사.

Husserl, E. (2018). 수동적 종합: 1918~1926년 강의와 연구원고*(Analysen zur*
  passiven synthesis). (이종훈 역). 한길사.

Husserl, E. (2019). 형식논리학과 선험논리학*(Formale und transzendentale*
  logik). (이종훈 역). 한길사.

Hoeller, K. (2012). The existential 'therapy' of Thomas Szasz: Existential,
  yes; therapy, no. In L. Barnett & G. Madison (Eds.), *Existential*
  therapy. Routledge.

Jaspers, K. (2019). 철학 II: 실존조명*(Philosophie)*. (신옥희, 홍경자, 박은미
  공역). 아카넷.

Langdridge, D. (2013). *Existential counselling & psychotherapy*. Sage.

Lacovou, S., & Weixel-Dixon, K. (2015). *Existential therapy*. Routledge.

May, R., Angel, E., & Ellenberger, H. (Eds.). (1958). *Existence*. Basic
  Books.

May, R. (Ed.). (1961). *Existential psychology*. Random House.

Merleau-Ponty, M. (2002). 지각의 현상학*(Phénoménologie de la perception)*.
  (류의근 역). 문학과지성사.

Nietzsche, F. (2000). 차라투스트라는 이렇게 말했다*(Also sprach Zarathustra)*.
  (정동호 역). 책세상.

Nietzsche, F. (2001). 인간적인 너무나 인간적인 I*(Menschliches,*
  allzumenschliches). (김미기 역). 책세상.

Nietzsche, F. (2002a). 선악의 저편·도덕의 계보*(Genealogie der moral)*.

(김정현 역). 책세상.

Nietzsche, F. (2002b). 바그너의 경우·우상의 황혼·안티크리스트·이 사람을 보라·디오니소스 송가·니체 대 바그너(*Fall Wagner · Götzen-Dämmerung · Antichrist · Ecce homo · Dionysos-Dithyramben · Nietzsche contra wagner*). (백승영 역). 책세상.

Nietzsche, F. (2004a). 아침놀(*Morgenröthe*). (박찬국 역). 책세상.

Nietzsche, F. (2004b). 유고(1884년 가을~1885년 가을)(*Nachgelassene fragmente herbst 1884 bis herbst 1885*). (김정현 역). 책세상.

Nietzsche, F. (2005a). 비극의 탄생·반시대적 고찰(*Geburt der Tragödie · Unzeitgemäße Betrachtungen*). (이진우 역). 책세상.

Nietzsche, F. (2005b). 즐거운 학문·메시나에서의 전원시·유고(1881년 봄~1882년 여름)(*Frohliche Wissenschaft · Idyllen aus Messina · Nachgelassene Fragmente Frühjahr 1881 bis sommer 1882*). (안성찬 역). 책세상.

Nietzsche, F. (2005c). 유고(1885년 가을~1887년 가을)(*Nachgelassene Fragmente Herbst 1885 bis Herbst 1887*). (이진우 역). 책세상.

Nietzsche, F. (2016). 이 사람을 보라: 인간은 어떻게 자기 자신이 되는가(*Ecce homo*). (이상엽 역). 지식을만드는지식.

Nitta, Y. (2014). 현상학이란 무엇인가: 후설의 후기 사상을 중심으로(*現象学とは何か：フッサールの後期思想を中心として*). (박인성 역). 도서출판b.

Palmer, R. E. (1988). 해석학이란 무엇인가(*Hermeneutics*). (이한우 역). 문예출판사.

Plock, S. D. (2012). A Response to 'Depth and the marketplace: psychology's faustian plight'. In L. Barnett & G. Madison (Eds.). *Existential therapy*. Routledge.

Plock, S. D., & Tantam, D. (2019). History of existential-phenomenological therapy. In E. van Deurzen, E. Craig, A. Längle, K. J. Schneider, D. Tantam, & S. du Plock (Eds.), *The wiley world handbook of existential therapy*. John Wiley & Sons, Inc.

Pomponi, P. (Ed). (2019). *Dialogues on the search for meaning in existential therapy*. Society for Existential Analysis.

Sartre, J. P. (1994). 존재와 무*(Être et le néant)*. (정소성 역). 동서문화사.

Sartre, J. P. (2008). 실존주의는 휴머니즘이다*(Existentialisme est un humanisme)*. (박정태 역). 이학사.

Schneider, K. J. (Ed). (2008). *Existential-integrative psychotherapy: Guideposts to the core of practice*. Routledge.

Schneider, K. J., & Krug, O, T. (2010). *Existential-humanistic therapy*. APA.

Schneider, K. J., & May, R. (Eds.). (1995). *The psychology of existence: An integrative, clinical perspective*. MaGraw-Hill.

Schneider, K. J., & Plock, S. D. (2012). Depth and the marketplace. In L. Barnett & G. Madison (Eds.), *Existential therapy*. Routledge.

Schulenberg, S. (Ed.). (2016). *Clarifying and furthering existential psychotherapy*. Springer.

Sousa, D. (2016). Existential psychotherapy—the genetic-phenomenological approach: Beyond a dichotomy between relating and skills.

In S. Schulenberg (Ed.), *Clarifying and furthering existential psychotherapy*. Springer.

Sousa, D. (2017). *Existential psychotherapy*. Palgrave Macmillan.

Spinelli, E. (1989). *The interpreted world: An introduction to phenomenological psychology*. Sage.

Spinelli, E. (1994). *Demystifying therapy*. Constable.

Spinelli, E. (1997). *Tales of un-knowing: Eight stories of existential therapy*. New York University Press.

Spinelli, E. (2001). *The mirror and the hammer: Challenges to therapeutic orthodoxy*. Continuum.

Spinelli, E. (2005). *The interpreted world: An introduction to phenomenological psychology* (2nd ed.). Sage.

Spinelli, E. (2007). *Practising existential therapy*. Sage.

Spinelli, E. (2015). *Practising existential therapy* (2nd ed.). Sage.

Spinelli, E. (2016). Experiencing change: An existential perspective. In S. Schulenberg (Ed.), *Clarifying and furthering existential psychotherapy*. Springer.

Szasz, T. (1978). *The myth of psychotherapy: Mental healing as religion, rhetoric, and repression*. Anchor Press/Doubleday.

van Deurzen, E. (2010). *Everyday mysteries: A handbook of existential psychotherapy* (2nd ed.). Routledge.

van Deurzen, E. (2012a). *Existential counselling & psychotherapy in practice* (3rd ed.). Sage.

van Deurzen, E. (2012b). Reasons for living: Existential therapy and spirituality. In L. Barnett & G. Madison (Eds.), *Existential therapy.* Routledge.

van Deurzen, E. (2016). Structural Existential Analysis (SEA): A phenomenological method for therapeutic work. In S. Schulenberg (Ed.), *Clarifying and furthering existential psychotherapy.* Springer.

van Deurzen, E., & Adams, M. (2011). *Skills in existential counselling & psychotherapy.* Sage.

van Deurzen, E., & Adams, M. (2016). *Skills in existential counselling & psychotherapy* (2nd ed.). Sage.

van Deurzen, E., & Arnold-Baker, C. (Eds.). (2005). *Existential perspectives on human issues: A handbook for therapeutic practice.* Palgrave Macmillan.

van Deurzen, E., Craig, E., Längle, A., Schneider, K. J., Tantam, D., & du Plock, S. (Eds.). (2019). *The wiley world handbook of existential therapy.* John Wiley & Sons, Inc.

van Deurzen, E., & Kenward, R. (2005). *Dictionary of existential psychotherapy and counselling.* Sage.

Yalom, I. (1980). *Existential psychotherapy.* Basic Books.

Zahavi, D. (2007). 후설의 현상학*(Husserl's phenomenology)*. (박지영 역). 한길사.

저자 소개

김은희 (Kim EunHee)

가톨릭대학교 심리학과 박사
전) 서울디지털대학교 상담심리학부 교수
    한국상담심리학회 실존치료연구회 회장
현) 김은희심리상담연구소 소장

〈주요 논문〉
- 집착의 잠재계층과 정신건강(한국심리학회: 상담 및 심리치료, 2008)
- 집착, 역기능적 문제해결, 마음챙김, 자살생각 간의 관계(한국심리학회:
  상담 및 심리치료, 2008)
- 개정판 집착척도 개발 및 타당화(한국심리학회: 상담 및 심리치료, 2007)

주체적 실존치료
Existential Therapy of Insubstantial-self

2024년 1월 5일 1판 1쇄 인쇄
2024년 1월 10일 1판 1쇄 발행

지은이 • 김은희
펴낸이 • 김진환
펴낸곳 • (주) **학지사**

04031 서울특별시 마포구 양화로 15길 20 마인드월드빌딩
대표전화 • 02)330-5114   팩스 • 02)324-2345
등록번호 • 제313-2006-000265호

홈페이지 • http://www.hakjisa.co.kr
인스타그램 • https://www.instagram.com/hakjisabook

ISBN 978-89-997-3013-9 93180

정가 17,000원

출판미디어기업 **학지사**

간호보건의학출판 **학지사메디컬** www.hakjisamd.co.kr
심리검사연구소 **인싸이트** www.inpsyt.co.kr
학술논문서비스 **뉴논문** www.newnonmun.com
교육연수원 **카운피아** www.counpia.com